渡辺利夫

後藤新平の台湾

人類もまた生物の一つなり

中公選書

はしがき

鶴見祐輔著『正伝　後藤新平』（藤原書店）は、後藤新平の人生、思想、建議、政策のすべてを、時に壮大に時に細密に描いた正伝の白眉である。鶴見は後藤の女婿である。後藤を公私ともどもに支え、後藤の立ち居振る舞いを観察できる絶好の位置にいた。

後藤は、内務省衛生局長、台湾総督府民政長官、初代南満洲鉄道総裁、内務大臣、外務大臣、東京市長、再度の内務大臣を経て、宰相に手が届きそうにまでいたるきらびやかな政治的人生を送った。

しかし、『正伝』全巻を再読三読して、後藤の長い人生における「青春」は、明治三十一年（一八九八）に始まる台湾総督府民政長官の八年半余の時代であったことに気づかされている。台湾総督府を経て満鉄総裁に就任して以来の後藤の文章には、台湾時代には輝いていたような光彩が失せ、政治的地位は次々と上昇していく一方で、軍人や官僚や閣僚に対する愚痴めいた話、不平不満が次第にふえてくる。後藤の志操が高く、その志操と現実、明治も末年にいたる頃にはすでに牢固として築きあげられていた既得権益に、後藤の建議のことごとくが跳ね返されてしまった。後藤「失意」の後半生だったのではないか。

台湾時代が後藤の青春だった。第四代台湾総督に、児玉源太郎という権力と権威において比類なき軍政家を得た。後藤はその厚い信頼に支えられ、しかも帝国憲法や帝国議会の制約からも離れて、フロンティア台湾の白いキャンバスのうえに年来の思想「生物学の原理」にもとづくアヘン漸禁政策、土匪招降令、旧慣調査、土地制度改革、衛生事業、インフラ建設事業などを次々と展開できたのである。

台湾近代化の基盤形成は、後藤の思想と政策によって幕が切って落とされたといっていい。諸事業のための人材抜擢、抜擢された人間への全幅の信頼、信頼に応える技術者、官僚の後藤への献身が台湾統治成功の物語を彩る。

政治指導者のリーダーシップとは何か。永遠に語られて然るべきテーマだが、後藤の台湾時代はその原型を提供しているように思われる。

台湾総督府民政長官時代の後藤新平については、可能なかぎり原資料にあたりながら執筆を進めた。しかし、登場人物たちが取り結ぶ人間関係のありようは、資料のみからは容易に浮かびあがってはこない。著者の想像力を交えての会話体を繁く用いたのは、そのためである。ある種のノンフィクション・ノベルなのかもしれない。また、引用した原資料の旧字体は新字体に変換し、原資料にはない句読点を付したりもした。

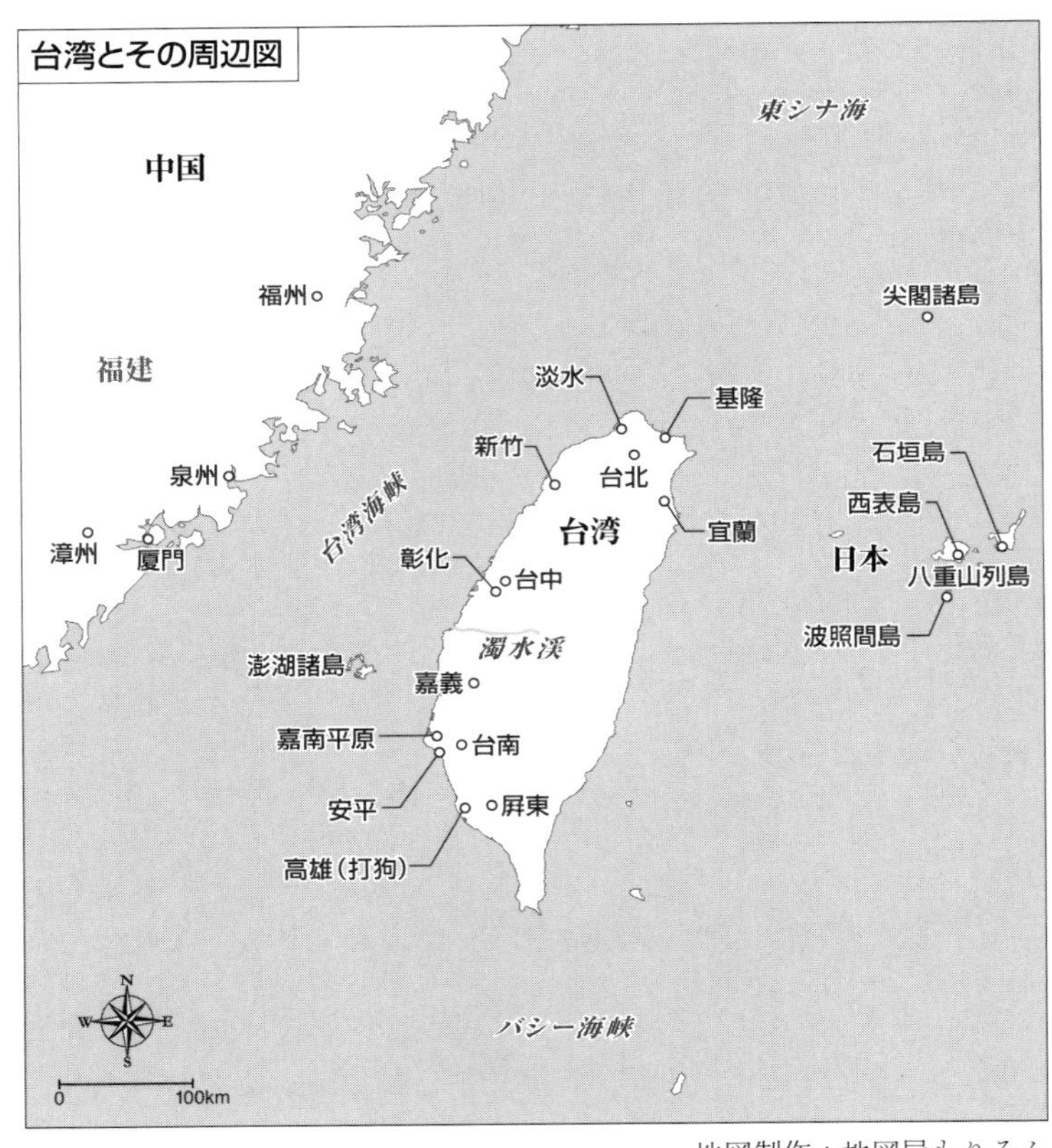

地図制作：地図屋もりそん

後藤新平の台湾

目次

第六章　開発資金をいかに捻出するか……107

後藤新平の台湾

人類もまた生物の一つなり

第一章　アヘン漸禁政策

——人間は何かに依存せずに生きてはいけない

アヘンの島

後藤新平を台湾に結びつけたものはアヘン（阿片）である。

日本領有のはるか以前から、台湾住民の間にはアヘン吸引が常習化していた。「土匪（どひ）」と呼ばれる台湾人の武装勢力の制圧とならんで、アヘン吸引習慣の中絶は日本の台湾統治の成否をうらなう最初の難事であった。

明治二十八年（一八九五）四月十七日に締結された日清講和条約（下関条約）により、台湾は清国から日本に割譲された。しかし、割譲されることにはなったものの、台湾がどういう手続きで清国から日本に「授受」されるのか、具体的な方策は何も決まってはいなかった。台湾授受について日清双方で話し合うために初代の台湾総督に任命された樺山資紀（かばやますけのり）が、清国側の割譲処理全権委員の李経方（りけいほう）と台湾島の北方洋上に停泊する清国汽船「公義号」で話し合い、ようやくにして手続きが完了した。

この報が台湾に伝わるや、住民の多くが驚愕、激昂する人々は武力をもって日本への抵抗を決意、台湾の士紳の反抗は一段と強烈であった。五月二十五日、ついに「台湾民主国」の独立宣言が布告された。国旗を定め、初代総統を清国最後の台湾巡撫の唐景崧とした。巡撫とは皇帝に直属する地方長官、つまり知事のことである。

しかし、日本の陸軍に抗する力は民主国にはなかった。基隆を守る清国の「兵勇」ならびに台湾住民の「民軍」からなる五万人が、陸軍二個師団、五万人の正規軍を擁する日本軍に立ち向かったものの、たちまちにして潰えた。大量の敗残兵が台北城に流れ込んだ。

台北城に押し寄せた清国兵勇は、城内住民の資産強奪、放火、強姦、狼藉の限りを尽くして大陸へと逃げ去った。唐景崧も淡水を経て大陸に逃亡。その後、日清戦争中に勅命を受けて兵を引き連れ台南城に駐屯していた劉永福が、再度の台湾民主国を宣した。だが、劉は台南城に迫る日本の軍勢を前に挽回不能を悟らされ安平を経て大陸に逃亡した。台湾民主国は今ひとたびの崩落を余儀なくされたのである。

しかし、台北城陥落から台南城陥落にいたる台湾住民を主力とした民軍は、銃槍不十分ながらも勝ち目のない戦いを果敢に戦った。台中を経て台南に向かう過程で民軍がみせた抵抗の凄まじさは「もう一つの日清戦争」であった。伊能嘉矩『台湾文化志』（一九二八）は、日本軍の台湾上陸から五ヵ月間に殺害された台湾住民の数は一万人余であったと記す。

台湾住民がなぜそれほどまでに頑強に抵抗したのか。樺山総督のもとで総督府の初代民政局長に任じられたのが、樺山に随行して台湾に渡っていた官僚の水野遵である。本土に帰任後の明治三十一年（一八九八）三月に水野が著した記録に『台湾阿片処分』がある。

　これによれば、劉永福などの反日武装勢力は総督府がアヘン吸引禁止令を含む「日本条例」を間もなく布告すると喧伝、偽りのアジビラ「倭奴排斥」を寺廟などの随所に貼り付けて回ったという。檄文には以下のことが記されていたと著作にはある。

図1－1　台湾鎮定　大正末年に描かれた想像図（石川寅治筆、聖徳記念絵画館蔵）

> 倭奴は謂れなく暴力を用ひて台湾を奪ひ取らんとす。我等は死を以て之を防禦せざるべからず。曰く倭奴は爾等の弁髪を断つべく、曰く阿片を禁ずべし。曰く一隻鶏一頭猪の微にすら税金を課すべし。故に爾人民は戦ふも死し、戦はざるも死すべし。寧ろ倭奴と戦ふに若かず

総督府は弁髪、阿片を禁じ、一羽の鶏、一頭の豚にさえ税を課そうとしている。これではわれわれは戦わねばならず、さ

もなくば死より他ない、戦いに立て、といった檄文である。

何より台湾住民を恐怖させたものはアヘンの吸引禁止だった。アヘン吸引が禁じられた場合の常習者の苦しみ、アヘン禁止への不安と恐怖は日本軍にはわかるはずもないが、抵抗する台湾側のリーダーたちは、台湾住民にとってはこれが禁止されれば生きていけない、それほどまでに重要なものだということをよく知っていた。

アヘンとは何か

アヘンとは、ケシ（芥子）の実から採取される果汁を乾燥させた麻薬である。

ケシ粒を播種(はしゅ)すると、半年ほどで草丈が二メートルほどに育って開花する。花の萼(がく)は開花の翌日に脱落する。「一日花」という。萼が脱落して数日経つと、茎の先端部分に「ケシ坊主」と称される鶏卵の形をした握りこぶし大の果実があらわれる。この果実が成熟する前にナイフで表面に浅い切り込みを入れると、白色もしくは淡紅色の乳液状分泌物が浮かびあがる。分泌物をヘラでかき集め乾燥させて黒い粘土状の半固形物をつくる。これが「生アヘン」である。ケシ坊主が成熟してしまうと、その中から〇・五ミリ以下の微細な粒子が飛びだす。ケシの種子、つまりケシ粒である。

半固形の生アヘンは「薬研(やげん)」と呼ばれる器具で轢(ひ)かれて粉末となり、ブリキ缶などに入れて出荷される。生アヘンは不純物を含む。モルヒネの比率は一〇パーセントほどだといわれる。人々が渇望するのはこのモルヒネである。生アヘンを精製、さらに加工度をあげて純度を高めていけば、ヘロインという文字通りの麻薬となる。しかし、ヘロインにまで精製する技術は当時の台湾にはなかった。住民が常習吸引していたのはモルヒネである。

生アヘンは丸薬状にして服用したり、湯に溶かして直接飲用するというのが古来の使用法だった。淵源は相当に古い。鎮痛薬、鎮静薬、鎮咳薬として広汎に用いられていたらしい。これが医薬品ではなく嗜好品として一般化したのは、アルコールの飲用が禁じられていたイスラム教徒の間で、アルコールの「代用品」として好まれたからだといわれる。これがペルシャ、トルコなどを経て諸地域に広がり、大航海時代となってオランダ貿易商人の手により、当時、蘭領東インドと呼ばれていたインドネシアのジャワ島に伝えられ、ジャワ島に居住していた中国からの出稼ぎ移住者の華僑に好まれるようになった。

ジャワでの出稼ぎ移住者は、生アヘンを直接服用するのではなく、生アヘンを独特のやり方で「練膏」（アヘン煙膏）とし、これを「煙斗」といわれる金属製容器の中で煙草と混ぜ合わせる。煙斗に火を灯し、そこから立ちのぼる煙を「アヘン槍」という長いパイプで吸引する、という方法を編みだした。この方法が当時は最も効率的だったようだ。

嗜好品としてのアヘンのこの吸引方法は、ジャワから北上、華僑の出身地である福建の漳州、泉州、厦門へと伝播し、厦門のすぐ東に位置する台湾にも急速に普及していった。

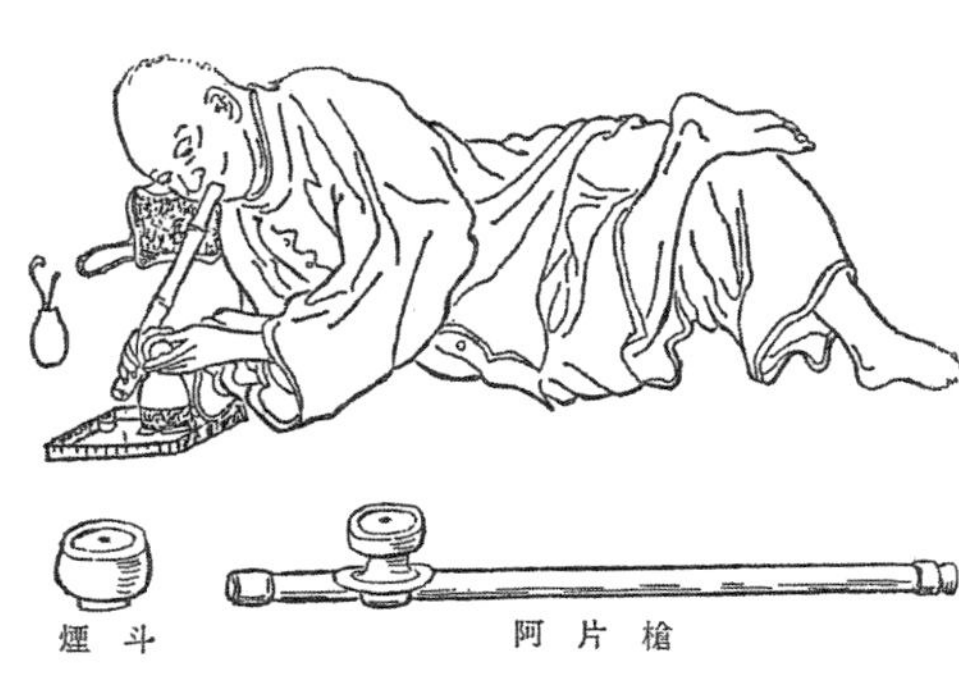

図1-2　アヘンを吸引する人物と器具（台湾総督府専売局『台湾阿片志』より）

華南全域に広がる「アヘン禍」を駆逐しようと、清朝は一七二九年に一連のアヘン禁令を公布したものの、今度はオランダではなくイギリスの東インド会社からの輸入に悩まされ、これがアヘン戦争勃発の遠因となった。

アヘン禁令が清朝によって敷かれたとはいえ、「化外（けがい）の地」台湾においては禁令はほとんど死文であり、台湾こそはアヘンに最も著しく冒された地域となった。

台湾総督府専売局刊の『台湾阿片吸引志』には、図1-2のような一枚の挿絵が描かれている。煙草と生アヘン粉を混ぜて、煙斗に小さな火を灯し、煙をアヘン槍で吸引する一人の人物の姿である。アヘン槍は比較的長いものが必要だった。効果が体中に回ってくると座っているのも億劫（おっくう）になるために、寝転んで吸うからである。

日本の統治初期、台湾に猖獗（しょうけつ）していたのがマラリアである。マラリアはハマダラカの媒介によってマラリア原虫が人間の体に感染して罹患する病である。マラリアに患ると、高熱、悪寒、頭痛、筋肉痛、下痢、嘔吐などに襲われ重症化して死にいたることが多い。結核も当時の台湾には相当の広がりをみせていた。激しい咳や喀血の苦痛には耐え難いものがあったのであろう。結核の治癒が可能となるのは、はるか後のことである。

　マラリアや結核など往時の台湾を広く覆っていた病による苦しい症状を、一時的にせよ鎮静化、鎮痛化させる効能をアヘンはもっていた。アヘンは当時の台湾の家庭常備薬でさえあった。そのうえ、アヘンは極度の疲労、栄養失調、あるいは家庭不和や事業失敗などの不快から人々を逃避させ、不安や恐怖を没却させる効果があったのであろう。さらに比較的裕福な人々にとってのことだが、友人、客人とアヘンをともに吸引して、友好や商取引をスムーズに進める、そういう効果もあったようだ。アヘンによって苦痛を癒された者をみて、人々はこれを模倣し、模倣を重ねることによってアヘン吸引習慣は台湾社会の深部にまで及んでいった。

　しかし、効用はあくまで一時的である。吸引を止めると吸引前の不快や苦痛と再び直面せざるを得ない。この不快と不満が、再度の吸引へと人々を引き戻し、ついに吸引が常習化してしまう。アヘン吸引者の「拡大再生産」である。

　吸引が常習化してしばらくすると、体は次第に衰弱し、生気を失い、心神耗弱(こうじゃく)を招く。その症状から脱しようとさらに吸引を求め、吸引者の関心のすべてがアヘンのことで埋め尽くされる。アヘン入手のための費用が嵩(かさ)み、生計が立ちゆかなくなり、入手のためには手段を選ばないという道徳観念の喪失にまでいたる。

　アヘンが社会の深層を蝕んでいた台湾を日本は清国から割譲されたのである。台湾統治の起点において、「アヘン禍」の恐ろしさをまるで知らない日本がこれにどう立ち向かったらいいのか。

最初の難題であった。

初代民政局長 水野遵

物語は、明治二十八年(一八九五)年三月に下関の料亭春帆楼で開かれた日清講和会議の席上での日本側全権代表・伊藤博文と清国側全権代表・李鴻章(りこうしょう)とのやり取りから始まる。李鴻章は「アヘン禍」が台湾島をいかに深く冒しているかを伊藤に説き、伊藤は初めてその事実を知った。

李は伊藤に次のような趣旨のことを語ったという。

〝台湾の統治は容易ではない。台湾はその特殊な気候風土のゆえに熱帯病が全島に蔓延する「瘴癘(しょうれい)の地」である。実際、明治七年の日本の台湾出兵時にもきわめて多くの日本兵が熱帯病で死亡している。日本人がこれに耐えられるか。さらに、台湾人の間にはアヘン吸引が久しく常習化しており、その「毒気」を排除することは大変な難事である。力をもって吸引を禁止しようものなら、台湾人は兵を挙げて日本軍に抵抗するにちがいない〟

この言を聞いて、伊藤は次のように喝破した。

「御覧あれ我(わが)日本人台湾を占領せば、屹度(きっと)阿片を禁じて御目に掛けむ」

「我日本の如きは阿片の輸入に就て禁令厳重なれば、誰一人喫煙する者はなし」

「清国一度統治権を日本に譲らるるからには、此上は日本政府の責任で御座る」

伊藤が台湾のアヘン禍の現状についての知識をもっていたわけではない。しかし、初代総督に樺山資紀が任命され、台湾占領のために日本軍を出兵させることになって、アヘン問題が解決を要する容易ならざる事態だということを伊藤もはっきりと認識するにいたった。

樺山総督を補佐する初代民政局長に水野遵が指名された。伊藤は京都河原町の別邸に水野を呼び、台湾のアヘン問題について徹底的に調査するよう命じた。日本の政界でもアヘン問題の重要性がにわかに議論の俎上にのぼった。台湾が日本の統治下に入った以上、本土の日本がアヘン厳禁であるからには台湾でも厳禁たるべし、というのが当時の議論の主流であった。

アヘン対策の責(せめ)を負うて台湾に降り立った水野は、六ヵ月をかけて「土匪」鎮圧の武闘が繰り広げられる台湾の各地をめぐり、アヘン吸引の実態について詳細な調査を重ねた。〝厳禁政策はどうしても実行不能だ〟、というのが水野の結論だった。

水野は『台湾阿片処分』に次のようなことを記している。

〝台湾住民二五〇万人のほとんどは福建や広東から二〇〇年以上も前にやってきた人々である。彼らは中国が母国であるとはいえ、もはや風俗も習慣も言語もすっかり台湾化している。土地などの資産もすでに台湾にある。アヘン吸引を禁じたからといって彼らが台湾から退去することはない。刑法の力でアヘン常習吸引者を排除できると考える向きもあろう。しかし、そうはいかない〟

之を実行せんか如何にして数十万の阿片犯罪者を収禁すべき監獄を設備し得るや。今仮に台湾全島の吸烟者を二十歳以上の男子四分一と推定するも其員数は実に三十万零七千二百五十人となる可し。此一事を以て見るも刑法の力に拠りて其効果を収むること難きを知るに足らん

アヘン吸引習慣の矯正が仮に可能だとしても、そのためには「病院及び医員の設けあるを第一とす。数万の患者を一時に収容し得る建設物なく、又之が手足となるべき警察官なきは言はずして明々たり」という。

この見解を水野は樺山に伝える。樺山も水野の見解に同意、台湾総督府はアヘン専売制の採用を「仮決」した。かくして総督府専売制への道が開かれた。

水野は専売制による漸禁策という「仮決」案をもって上京。しかし、漸禁政策は台湾事務局ならびに帝国議会から手ひどい反駁に遭う。台湾事務局とは、日清講和条約締結の直後に設立された、総裁を総理大臣の伊藤博文とし、各省大臣、次官、局長などから構成される往時の台湾政策についての最高意思決定機関だった。

水野によれば、「東京に於ける阿片厳禁論の熱度は其極点に達し」ており、水野は「恰も漸禁説てふ氷を懐きて火焰中に投じたる」がごとき状態であったという。ある有力な政治家から水野は「国家百年の害を貽す者は君なり」と罵倒されたとも記している。

しかし、水野はなお食い下がる。伊藤総理に厳禁策を採用すれば台湾は必ず暴発する、この実

情のもとで自分の職務遂行は不可能であり、辞任の他なしと迫る。ここで伊藤は、医師としてすでに名をなし、当時、内務省衛生局長の任にあった後藤新平に意見書の提出を命じた。

「生物学の原理」とアヘン漸禁策

台湾統治の最初の難事が「アヘン禍」にあることは後藤もよく知っていた。アヘン問題が新領土の「衛生」に関わる以上、その実情は内務省衛生局としても調査しておかねばならない。後藤は内務省から台湾総督府に出向中の二名に実地調査を行うよう指示した。忠実な二人の官吏は調査を重ねて詳細な報告書を後藤に提出した。

調査結果は、明治三十年（一八九七）に台湾総督府製薬所『阿片事項調査書』として公刊された。報告書の冒頭、後藤は序文にこう認めた。

> 凡ソ民ヲ化スルニハ其俗ニ従ハザルベカラズ。是レ即チ民政ノ要タリ。（中略）宜ク先ヅ其習俗ヲ詳ニシ、而テ後始テ之ヲ実行スベキナリ

住民を教化するにはその習俗を究めねばならない。民政の肝はこれだ。まずは台湾の習俗を徹底的に精査する。民政の施行はその後のことだ、というのである。

先立つ明治二十二年（一八八九）、後藤三十二歳にして世に問うた著作が『国家衛生原理』であり、その思想の原点が「生物学の原理」である。原理については後述するが、アヘン問題においてもこの思想を援用、立証、政策化しようとした意図がうかがわれる。

この時点では、後藤はまだ台湾の地に足を踏み入れてはいない。しかし、部下が提出した調査書は微に入り細を穿つものであった。これによって後藤は台湾のアヘン禍の実情を深く理解するにいたった。

報告書は、「阿片喫煙ノ習癖トナレル歴史上ノ関係」「阿片輸入禁止令発布前後ノ民情」に始まり、「台北監獄喫煙囚徒ノ症状調査」「集合喫煙店ノ実況」「売淫店ニ於ケル喫煙ノ状況」「阿片ヲ含有セル売薬ノ種類」にいたる。調査書を後藤はじっくりと読み「漸禁策」以外に方法なしと見定めた。

報告書にもとづき策を「生物学の原理」に沿うよう整え、明治二十八年十一月に「台湾島阿片制度ニ関スル意見書」を提出。これが内務大臣を経て伊藤総理のところにまわり、その意見がほとんどそのままに採用されることになった。課題設定ならびに問題解決への、いかにも後藤らしい意見書であった。台湾アヘンは総督府による専売制による漸禁策たるべしをうたい、次の点が成功の要だと論じた。

阿片喫烟ノ習癖アリテ、之ヲ中止スルコト能ワザル者ハ、全ク阿片中毒症ニ罹リタル者ナルガ故ニ、毒ヲ以テ毒ヲ制スルノ他ニ道ナキナリ。故ニ医師ノ診断ニ依リ、既ニ中毒症ニ罹ル者ニ限リ、之ヲ許シ、毎年期日ヲ定メ、政府ヨリ発行ノ一定ノ通帳ヲ交付シ、阿片特許薬舗ヨリ、随時之ヲ買求メ、喫烟スルコトヲ許可ス

常習吸引者からにわかにアヘンを取りあげるわけにはいかない。医師の診断によって常習者と認定されたものに限定して通帳を交付し、特許薬舗からのみこれを購入させるという方法である。

加えて、次のようにもいう。常習吸引者に対するアヘンの専売価格を従来の市場価格の三倍にすれば、総督府のアヘン専売収入は、アヘン輸入に課している徴税分（輸入税）の八〇万円を加えて二四〇万円となる。後藤はさらに、常習吸引者のみが所持を許される通帳（鑑札通帳）の発行手数料を加えれば、総督府収入は三〇〇万円にふえる。この収入を他の費用に用いることなく、アヘン漸禁策遂行のための費用のみに限定する。そうすれば、以下のようになるという。

所謂生存競争ノ原因ニ拠り、毒ヲ以テ毒ヲ制スル自然ノ定則ヲ践ム者ナリ。然ルトキハ、健康ヲ害スル所ノ禍原ヲ変ジテ、国民ノ福祉ヲ増加スルコトヲ得ベシ

アヘン収入によってアヘン吸引者を減ずる。これが「毒をもって毒を制する」の意である。後藤はユニークで、しかも実現可能な策を提示したのである。「所謂生存競争ノ原因ニ拠り」とあるが、ここではまだ唐突に感じられるかもしれない。アヘン吸引者が生存していくためには、こんな高価格のアヘンなどに依存してはいられない。アヘンに身を任せるのではなく、よりよい生活を求めようという人間同士の間に「生存競争ノ原理」が働いて、アヘン吸引者は次第に淘汰されていくであろう、そういう趣旨である。

この意見書が伊藤を総裁とする台湾事務局委員会に持ち込まれ、採択された。閣議決定をもって後藤の漸禁策が確定、樺山資紀にもその旨が伝えられた。樺山は、それでは具体的にどう施行すべきかについての事務局の意見を提出してほしいという。ここで後藤は再び求められて翌二十九年三月に「台湾島阿片制度施行ニ関スル意見書」を提出することになった（図1-3）。

この意見書には、新しく注目すべき策が加わった。一つには、漸禁策施行のためには、アヘン吸引者を健常者へと導くに際して起こるさまざまな混乱を防がねばならない。彼らを教導するには、兵力ではなくて行政警察の拡充が不可欠であると説く。二つには、台湾総督府の中に独立した部局を設け、これを他の衛生事業をも合わせて衛生部とし、ここに衛生事務官、衛生医官、書記、巡視官を配置して万全を期すべきだという。

漸禁策は漸禁策であるがゆえに、長期にわたりこれを持続させねばならない。同意見書はこう述べる。

説ヲ為ス者アリ、九年ヲ期シテ阿片ヲ全島ニ絶タシムルヲ得ベシト。然レドモ余ハ三十年内至五十年ノ後ニ於テ始メテ厳禁的漸進策ノ効果ヲ見ルベキモノト確信セリ。然レドモ当初ノ方法宜ヲ得バ、二年ノ後ニハ此ノ制度ノ前途ヲト定スルコト難カラザルベシ

「厳禁的漸進策」とは奇妙なものいいだが、当時の政界や官僚や世論が厳禁論に傾いていたことに配慮しての表現上の工夫なのであろう。要するに「漸禁策」である。

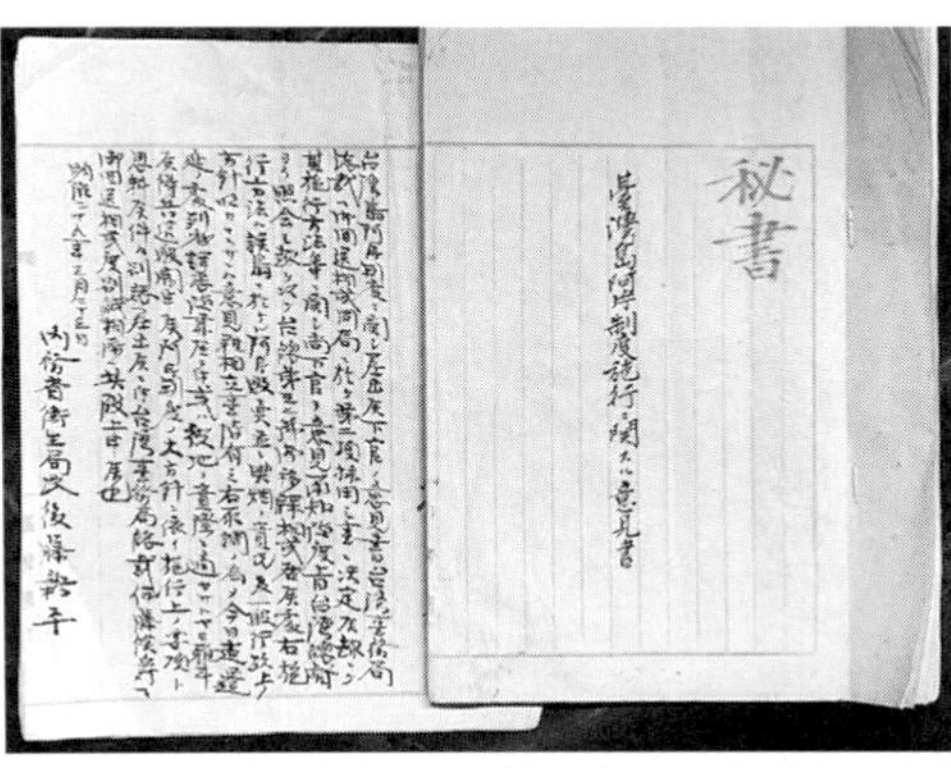

図1－3　「台湾島阿片制度ニ関スル意見書」草稿
（後藤新平記念館蔵）

後藤は漸禁策の終焉を三〇年から五〇年という長期に見据えていた。とはいえ、初動が肝心である。この意見書の提案通りにことが進むよう、最初の二年間に制度設計を整えれば、後は粛々と進み、やがて漸禁策をもって台湾からアヘンを最終的に駆逐できるという。眼前の火急の難題には住民の抵抗の少ない方策をもって臨み、しかし結局のところは確実にこれを漸減させ

ようという後藤の才覚である。意見書は台湾のアヘン政策のその後の根幹となった。
意見書は内務省衛生局長の時代に書かれたものである。この時点で後藤はまだ台湾にいってい
ない。しかし、後藤は見識を買われて内務省衛生局長在任のままで台湾総督府衛生顧問に任じら
れた。陸軍軍医総監にして陸軍省医務局長の石黒忠悳ならびに内務省初代衛生局長の長与専斎の
強い推薦があったといわれる。
明治二十九年六月二日、初代の樺山総督にかわって桂太郎が第二代総督となった。桂は台湾に
赴任するに際して伊藤博文、西郷従道海軍大臣とともに後藤を同行させた。後藤初の台湾訪問で
あった。桂には後藤をアヘン行政に引き込もうという意図があったのであろう。

人類ノ嗜好ナルモノハ之ヲ止ムルコト難シ

後藤の視察は、極度に多忙な衛生局長としての仕事の間を縫ってのことだった。明治二十九年
六月十三日に軍艦「吉野」に搭乗、台湾のアヘン禍の実情を観察した後、華南部の視察を経て同
月二十四日に長崎に帰着。慌ただしい旅だった。しかし、帰国後に書かれた意見書からは、後藤
の深い人間理解がにじみ出ていて興趣尽きない。
後藤は、台北の街を観察しながら不思議な光景をみた。本土ではどこにいっても酒や煙草を販
売する商店は必ずある。ところが、台北の街ではこのいずれをもほとんどみかけない。いやいや、

日本と台湾とでは店舗の構えなどが異なろうから自分のみまちがいかもしれない。後藤を案内する総督府の官吏にたずねてみたところ、やはりこの街には酒や煙草を商う店舗はないという。なぜなのか。台湾住民の嗜好がアヘンの一点に集中して、煙草の喫煙者は次第に駆逐され、酒も同様の経緯で排除されていったのではないか。後藤はそう考える。

嗜癖（しへき）（アディクション）というのは、〝はまる〟とか〝のめり込む〟といった意味の精神医学上の用語である。アヘンはこの嗜癖性において煙草や酒類などに比べて相当に強いものらしい。人間は何かに依存せずに生きてはいけない、そういう存在だ。ならば、刺激性のより強いアヘンから嗜癖性のより弱い煙草や酒類へと、依存の対象を誘導したらどうか。そのためには、アヘンの販売価格を高価にし、煙草と酒類の価格を安価にする方法が必要ではないか。後藤の弁によるところである。

所謂人類ノ嗜好ナルモノハ之ヲ止ムルコト難シ。只之ヲシテ他品ニ変更セシムルノ策ハ最モ講究スベキ価値アルモノトス。故ニ台湾阿片烟禁止法ハ布クト同時ニ、嗜好品変更ヲ誘導スル方法トシテ、台湾島内ニ於ケル酒類ノ醸造、烟草（タバコ）ノ製造ハ一切之ヲ無税トシ、以テ害少キ嗜好ニ変移セシムルノ政策ヲ施スハ、禁止法ノ施行ニハ最良ノ方法タルベキヲ信ズ

ユニークな観察眼というべきであろう。

アヘン漸禁政策には、後藤の意見が全面的に受け入れられ、明治二十九年（一八九六）二月の閣議決定によってその大綱が定められた。同年四月に後藤は総督府衛生顧問に委嘱され、以降、台湾アヘン政策のリーダー的存在となった。

台湾事務局の伊藤総裁は、閣議決定の直後、アヘン漸禁策の施行準備に取りかかるよう樺山総督に指示、台湾の民心の動揺を収めよと命じた。指示にもとづき樺山は台湾住民に初めて日本のアヘン政策について「薬用トシテ使用ヲ許可スル」旨の告示公表にいたった。

台湾住民はこれを日本政府による漸禁策だと直感、アヘン吸引がただちに厳禁になることへの不安と恐怖から解き放たれたのである。

水野の著作にはこうある。

昨年六月以来疑惧と恐怖とに囲繞（いにょう）せられ居たる土人は皆安堵して人心大に静穏に赴きたり

アヘン漸禁策を採用するにはいたった。しかし、輸入は厳禁とされた。輸入禁止は台湾住民の不安の種であった。後藤もこのことはよく知っていた。後藤は総督府直営のもとで「阿片煙膏製造所」を開設し、そこでの生産をもって効率的かつ計画的にアヘン供給をつづけることを決意した。この決意は、明治二十九年三月の「台湾総督府製薬所官制」となって実現の運びとなった。アヘン製造などに手を染めたことのない日本人には困難な課題だったが、台湾人のアヘン製造についての調査、台湾住民の雇用によりこれを克服した（図1－4）。

図1－4　専売局アヘン製造工場の一部（後藤新平記念館蔵）

アヘン製造所がどんなものだったか。統治初期の台湾の実情をつぶさに観察した見聞記に、明治三十八年（一九〇五）八月に刊行された竹越与三郎著『台湾統治志』がある。

当時の台湾には電力供給などまったくなかった。夜の台北は漆黒の闇である。しかし、台北城南門外に立地するアヘン専売局だけは煌々たる明かりに包まれていた。総督府が蒸気力をふんだんに使ってこれを電力供給源とし、アヘン製造に大いなる力を投入していることを竹越は知る。案内された製造所内に入って次のような光景をみた、と竹越は記している。

> 母国人が幾多の土人と相交りて、阿片膏を製作するを見る。或る者は原料を破砕し、或る者は之を槽（そう）中（ちゅう）に蒸し、或る者は更らに之に酒を加へて煮、或る者はパイプによりて之を鍋に誘ふて和味し、或る

者は之を鉄葉（てつよう）の鑵中に封じ、或る者は之に商標を粘付す。而して全工場を挙げて静寂にして、唯（た）だ鍋中の阿片の沸騰する響を聞くのみ。工場内に於ては、除虫菊を火に投じたるが如き臭気の充満するを見れば、阿片を吸ふの臭気もまた此の如きものなるべしと想像せらる

明治三十年（一八九七）一月、律令第二号「台湾阿片令」が発布されることになった。エッセンスは「台湾島阿片制度施行ニ関スル意見書」そのものだった。

アヘン吸引者として認定を受けた者の数は、明治三十三年の一六万九〇六四人をピークとして、以降、漸減傾向をたどる。明治三十九年には一三万人を切り、明治四十三年には一〇万人を下回った。大正五年に六万人台、大正十二年には三万人台となった。人口数との対比でいえば、明治三十三年六・三パーセント、明治三十八年四・二パーセント、明治四十二年三・五パーセント、大正五年二・〇パーセント、大正十二年一・一パーセントだった。大正十四年にはついに一・〇パーセントを下回った。この頃を漸禁政策の成功的終焉の時期とするならば、台湾のアヘン禍は後藤の構想通り三〇年前後をかけて駆逐されたことになる。

第二章　後藤新平の経綸

——旧慣こそ台湾の民法である

「台湾統治救急案」

明治三十年（一八九七）十二月、第二次松方正義内閣が「地租増徴案」に対する野党勢力の反発を受けて倒れ、新たに首相の座に就いたのが再び伊藤博文であった。第三次伊藤内閣の成立である。桂太郎が陸軍大臣として入閣。桂は、児玉源太郎を台湾総督、民政局長には後藤新平をもってするという案を胸中に秘めていた。

当時の台湾総督（第三代）は乃木希典（のぎまれすけ）だった。乃木は「土匪」の制圧に手を焼き尽くされていた。警察、軍隊、憲兵の三組織を動員しての「三段警備」をもってのぞんだものの功を奏することなく、台湾統治のための軍事費が一方的に増大していた。「台湾売却論」が議会で話題を呼んでもいた。

伊藤・桂の画策により、児玉総督・後藤民政局長のツートップが実現の方向に向かっていた。しかし、後藤については、一衛生技官にこの高職が務まるのかを懸念する有力者の声があった。大蔵大臣・井上馨は後藤の台湾統治の経綸をただしたかったのであろう。後藤に「台湾統治救急案」なる意見書を提出せよと命じた。後藤は心血を注いで救急案を書きあげた。

「救急案」の執筆にあたり、後藤が傍線を引きながら繰り返し読んだ文書がある。桂太郎の「台湾統治ニ関スル意見書」である。桂の台湾総督就任期間は四ヵ月と少し、台湾の地にとどまったのはほんのわずかだった。

台湾統治について桂の関心は薄いものであったかのように印象される。が、そうではない。桂は台湾をむしろ朝鮮より重要な「南進基地」だと捉えて、後の児玉・後藤に少なからぬ影響を与えた。このことについては後に記す。

桂の意見書には、台湾統治の原則が初めて五項目にわたってうたわれた。行政機関拡充、警察力強化、衛生行政ならびにアヘン処分、航海拡充、鉄道・道路・築港などの緊急性についてである。陸軍よりも行政警察を強化すべし、衛生行政を密にして熱帯病やアヘン吸引習慣を駆逐すべし、といった桂の意見に後藤は深く納得させられた。

桂は台湾総督就任を機に初めて台湾へと赴いた。伊藤総理、西郷海軍大臣に付き添い、後藤も同行した。言葉は少ないものの選ばれた言葉でポイントを語る智謀・桂の風貌を思い起こしながら、後藤は救急案を練りあげていった。

「救急案」は後藤の台湾統治の「経綸」である。実際、後の八年半余の民政長官時代に実現を期し、エネルギーのすべてを吐き出すことになる諸政策の原型がここに鮮明となった。次の一文に注目してみよう。

> 台湾行政中最モ改良ヲ要スル重ナルモノ如何ヲ問ワバ、従来同島ニ存在セシ所ノ自治行政ノ慣習ヲ恢復スルガ如キハ、蓋シ其急務中ノ最急務ナルモノナラン。夫レ台湾人民ハ、久シク清国政府ニ於テ化外ノ民トシテ放任セラレタルヲ以テ、其文化ノ程度ニ比スレバ、却テ其自治ノ制ハ驚クベキ発達ヲ為セリ。即チ堡庄街社等ニ於テ、自治自衛ノ旧慣見ルベキモノ歴然タリ。（中略）警察裁判、土兵、収税ノ方法等ニ至ル迄、一トシテ備ワザルモノナシ。此自治制ノ慣習コソ、台湾島ニ於ケル一種ノ民法ト云ウモ不可ナシ

台湾統治において何が最も重要かつ緊急な課題かといえば、これまで台湾に存在していた旧慣である自治行政組織の回復こそが肝心である、と後藤は主張する。台湾を観察して驚くべきは、自治制度が著しく発達していることである。堡（小城）、庄（村）、街（町）、社（集落）のいずれにおいても、自治自衛の旧慣の機能にわれわれは大いに注目しなければならない。警察裁判、土着兵士のありよう、徴税方法などのすべてが旧慣にもとづいて機能しており、この自治制こそが台湾の民法である、という。後の大規模な旧慣調査につながる考え方がすでにここに芽を吹いている。

故ニ台湾行政改良ノ一ハ、之ヲ旧ニ復シ、総督府ハ専ラ行政監督ノ責ニ任ジ、漸次其弊アルモノヲ改良スルノ策ヲ採ルニ在リ。此ノ如クスレバ、事簡ニシテ其実効ヲ奏スル事、現行制度ニ勝ル万々ナルヲ信ズ

台湾総督府のなすべきことは、旧慣を正すことではない。逆に旧慣がうまく機能するよう促し、そのための行政監督に徹すべきだという。行政監督のためには、警察が犯罪防止や秩序破壊者の取り締まりといった旧来の治安維持機能を担う存在であることはもとよりだが、同時にこれを広義の警察制度へと変化させる必要がある。警察官には裁判官をも兼ねさせ、特に地方行政においては警察に行政の末端を担わせねばならない。警察長官は同時に地方長官でなければならない。警察制度イコール地方行政制度だとも後藤は述べる。

その他、鉄道、築港、水道、下水道などのインフラ建設が急を要している。そのための費用として外債を含む公債の発行が必要であることをも後藤は政府に進言している。民政長官として赴任以来次々と展開していく開発事業のデッサンは、この救急案にそのほとんどが含まれていた。驚くべきことであろう。

児玉総督、後藤民政長官

乃木希典にかわって第四代台湾総督に任じられたのは、一代の軍政家にして〝陸軍省とはすなわち児玉のことだ〟といわれるほどに高い声望を得ていた、陸軍中将にして陸軍次官の児玉源太郎であった。

戦争を勝利に導くものは、もちろん前線で戦う将兵である。しかし、日清戦争という日本初のこの大規模な対外戦争に勝利するには、戦線の後方にあって戦略の全体を練り、これにもとづき作戦指導にあたるという任務がある。戦略や作戦をスムーズに展開するためには、軍事装備品の調達、補給、整備、修理ならびに兵士や装備品の輸送のための船舶の確保などの後方支援、要するに「兵站（へいたん）」の確保がきわめて大きな重要性をもつ。陸軍次官としての児玉の功績は、兵站において見せた水際立った手腕にあった。

もう一つ特筆すべきは、戦争に勝利し凱旋する兵士の検疫事業がある。コレラ、マラリア、ペスト、アメーバ赤痢などに罹患した兵士を検疫なくして帰還させるわけにはいかない。悪疫の国内感染を入国前になんとしてでも阻止しなければならない。日清戦争後に児玉の構想によって実現された検疫事業は、当時の西欧にも類のない規模と効率性を誇り、列強を驚かせた。

実際、児玉は兵站と検疫事業という軍政の功績により、日清戦争後の明治二十九年（一八九

図2－1　内務省衛生局長時代の後藤（後藤新平記念館蔵）

六）十月には陸軍中将に昇格した。他に中将となったのは一五人であり、兵站と検疫という後方任務をまっとうした軍政家としてただ一人の陸軍中将だった。一六人中最年少でもあった。

検疫事業のフロントラインに位置する指揮官として児玉が抜擢したのが、後藤新平である。後藤新平という、これも一代の官僚政治家の才能を存分に開花させるきっかけをつくったのは児玉である。児玉の幸運でもあった。

児玉は伊藤総理により台湾総督を懇請され、児玉もこれに応じた。乃木の「失政」を挽回するには、軍政家としての手腕によりすでに高い評価が定まっていた児玉を総督とするより他なしという見解は、その時点で大方のものだった。

日清戦争後の軍備拡張計画の遂行には児玉の力量が不可欠である。台湾に赴任させるわけにはいかないという意見もあった。しかし、それほどの力量の持ち主ならば台湾の窮状を治めるには児玉以外にはいないという意見の方が上回り、児玉への説得がつづいた。児玉は伊藤を総裁とする台湾事務局に委員として加わり、台湾統治にも少なからず関心を寄せていた。

この時期、中国は「瓜分」と呼ばれる列強による分割が始められていた。瓜分とはウリが切り裂かれてバラバラになることをいう。日本も台湾の対岸・福建省に目を向け、ここをいずれ日本の影響圏としなければならない。児玉はその関心にも強いものがあった。伊藤・桂の推挽により第四代児玉総督が誕生した。

民政を指揮する民政局長として誰を同行させるか。後藤新平以外にはない、というのが児玉の判断だった。日清戦争後の帰還兵士の検疫授業のすべてを任せて、これを成功に導いた男が後藤新平である。

後藤は、安政四年（一八五七）、戊辰戦争の朝敵、仙台藩の水沢支藩で出生した。立身出世には医師のような専門職として自立するより他なしと臍（ほぞ）を固め、福島の須賀川医学校で医学を修得、愛知県病院の三等医を経て、弱冠二十五歳で愛知県医学校長兼愛知病院長に就任した。後藤は、岩倉使節団に衛生行政家として加わり初代の内務省衛生局長となった長与専斎にその実力を認められ、二年余のドイツ留学の後に長与の後を襲って第二代の内務省衛生局長となった。

相馬事件

検疫事業に携わる前、後藤は内務省衛生局長の官職を辞し、浪々の身をかこっていた。相馬事件といわれる奇怪なお家騒動に意に反して巻き込まれ、裁判にかけられ、公判、控訴を経て、証拠不十分につき無罪となったものの、この間、五ヵ月の入獄を余儀なくされた。青天白日の身にはなったものの、この負の体験を後藤は内務省衛生局長にふさわしいものではないとして、以降、官職には関わりのない人生を送ろうと考えた。

明治十年（一八七七）六月、旧相馬藩主の相馬誠胤（そうまともたね）が精神異常とされ、居室に監禁されたことから事件は始まった。監禁を家令らによる誠胤廃嫡（はいちゃく）の陰謀と信じ切った旧相馬家家臣の錦織剛清（にしごりたけきよ）は藩主の監禁を解くべく諸方に働きかけた。後藤も時のジャーナリズムを騒がせたこの事件に関心をもち、かつて勤務したことのある愛知県病院時代の友人からの紹介により錦織と面識をもつようになった。

疑惑を晴らしたいと切々訴える錦織に後藤は同情をよせ、誠胤を診断した医師に会って確かめてみようということになった。その医師は相馬家から乞われるままに診断書を書いたといういい加減さであった。後藤は錦織の願い出た運動費用の借用証文に保証人として連署、これが後に共謀罪の疑惑となって法廷にもちこまれた。

借用証文に連署して以降は、後藤はこの事件はもう過去のことだとして忘れていた。実際、後藤はその後、衛生局在任のままドイツ留学に旅立った。しかし、この間、錦織と相馬家との暗闘はつづいていた。明治二十五年二月に誠胤が急死、後藤の帰国四ヵ月前のことだった。明治二十五年十一月に後藤は内務省衛生局長に昇進、その後、錦織は誠胤の死を毒殺として東京地方裁判所に相馬家を告発、相馬家は錦織を誣告（ぶこく）罪で逆告発、事件は法廷にもちこまれた。

後藤は神田猿楽町の路上で逮捕され、鍛冶橋監獄での五ヵ月に及ぶ入獄を余儀なくされた。誠胤の墳墓が発掘され、解剖の結果、毒殺の証拠は得られず、錦織は重禁固四年、罰金四十円、後藤は証拠不十分により無罪となった。しかし、後藤は衛生局長の職を辞した。無罪判決が下されたのは明治二十七年十二月七日、後藤、三十八歳の時のことだった。

検疫事業——再生へのスプリングボード

日清戦争が終われば戦地から大量の兵士が帰還してくる。兵士の検疫をどうするか。陸軍次官の児玉源太郎が抱えた大問題であった。苦い記憶が児玉の頭を満たす。明治十年の西南戦争後、勝利・帰還する兵士を通じて国内各地にコレラ汚染を招いてしまった。痛恨の記憶である。明治十六年にロベルト・コッホによりコレラ菌が発見されるまで、この感染症に打つ手はなかった。感染者らしき者をみつけては強制的に隔離病棟に入れるより他にできることは何もない。住民の行政への不信ははなはだしく、「コレラ騒動」「コレラ一揆」が頻発した。

日清戦争からの帰還兵は西南戦争のそれに比べてはるかに多い。日清戦争での犠牲者は戦死者一一三二人である一方、病死者数は一万一八九四人、とりわけコレラによる病死者が著しく多い。検疫事業はのっぴきならない課題として児玉にのしかかった。

不遇をかこつ後藤のところに、広島の大本営で野戦衛生長官を務める陸軍省軍医総監の石黒忠悳から連絡が入った。石黒も西南戦争後のコレラ禍の惨状を目の当たりに経験した人物だった。軍医の最高位にある石黒は、検疫の緊急性について陸軍中央や内務省に建議していた。

石黒は、日清戦争後の検疫事業を遂行できる人物は後藤をおいて他にないと考え、児玉にいう。

「あれだけの逸材を野においていていいはずはありません。閣下、ぜひ広島の大本営で後藤と会ってやってください」

相馬事件であわやとなった後藤は、役人などもうこりごりだといって石黒の勧誘に首を縦に振らない。ならば大日本私立衛生会（中央衛生会）の委員になったらどうかと誘う。

中央衛生会もまた検疫の緊急性を陸軍に上申していた。石黒は中央衛生会を通じて後藤を検疫事業に引き込もうと考えた。後藤は衛生会の検疫担当委員を引き受けさせられ、明治二十八年（一八九五）三月、日清戦争の大本営の設置されている広島に出向くことになった。後藤は石黒の戦略にまんまとはめられたのである。

後藤が児玉と対面した時の状況については、大正八年（一九一九）刊の『自治の修養』の中で往時を振り返って後藤自身が述べている。前後を想像すると次のようであった。

＊

広島で中央衛生会の会議が催され、衛生会委員の一人として後藤が出席。ここでは検疫事業は後方勤務に属する仕事であるからには大本営がやるべしということになった。しかし、後藤はこれほどの大事業はやはり陸軍省自身が相当するべきだと考えた。児玉にそう伝えるより他ない。後藤は陸軍出張所に出向き、児玉と初めて面会した。

検疫事業を担うのは陸軍省だと、児玉もすでに肚を決めていた。帰還兵は六月初旬から十月末までに二三万二〇〇〇人を超える。これだけの数を一ヵ所でこなすことは不可能とみて、広島宇品の似島、大阪の桜島、下関の彦島の三つの離島に検疫所を設置することを児玉は構想していた。この離島で短期間に二三万人以上の兵士を検疫するには、広大な敷地に大量の兵舎をつくり、大型の蒸気式消毒罐を相当数導入しなければならない。児玉は後藤にそういう。後藤はさすがに迅速な決断をする人物だと児玉を仰ぎみた。

図2－2　児玉源太郎とともに（後藤新平記念館蔵）

「後藤君、そのための経費はどのくらいかかるか、直感でいいからいってみたまえ」

後藤は頭の中で計算機をぐるぐる回して、

「一〇〇万円くらいはかかりましょう」

と答える。同席していた石黒がいう。

「どうしてそんなにかかるのか」

後藤が理由を説明し始めようとするや、児玉は遮る。

「一〇〇万円あればコレラの侵入を防ぐことができると君はいうんだね。よし、それでは一五〇万円くらい出そうじゃないか。君、軍部の役人になってこの仕事をやらんか」

「いや、そうはまいりません。私は相馬事件への関与を疑われ逮捕、拘禁されて、牢から出てきたばかりです。出獄後に中央衛生会の委員として広島にやってきましたが、本意ではありません。私は役人の仕事をしたいとはまったく考えておりません」

児玉の薦めを断わり、その場を辞した。児玉は後藤を取り逃がし、いかにも残念そうな顔で居残る石黒をにらみつける。検疫事業の開始が眼前に迫る。

「石黒君、じゃあ、君がやってくれるね」

「いや、私は軍医総監として征清大総督の小松宮彰仁(あきひと)親王にお仕えし間もなく旅順に出立することになっております。後藤君がやってできないならば、私がやってもできません」

「そうか、もう一度、後藤君を口説いてみるか」

翌日、後藤は連絡を受けて児玉のところに向かう。

「君に頼むしかない。お国のためだ。やってくれ」

「そうは申しましても、官制というものがあります。官制がありますから陸軍だって、私を高等軍医などに任命できるはずがありません」

「それでは、君の都合のいいように別に官制を出す。臨時陸軍検疫部官制をつくって、私が部長、事務長は後藤君、君がやればいい。予算は私が取ってくる。後の一切は、後藤君、君に任す。どうか」

後藤は児玉の一瞬のこの決断に息をのみ、もはや断ることは不可能だとして逡巡を振り払う。後藤は事務官長として検疫事業に携わることになってしまった。後藤は、後日、この時の児玉についで次のように記している。

鋭敏な人だと思つた。といふのは悪疫が流行すれば、百万や二百万の金は、忽に飛んで仕舞ふといふ事が、直ちに分かる丈けの頭があつた。当時の百万円は今の百万円とは違ふザット一千万円位に当る、児玉さんは其の百万円に驚かなかつた。それだけ大局を見るの明があつて、決断に躊躇しない人であると云ふ事が分つた

大事業が開始された。明治二十八年（一八九五）六月初めから八月末までの期限が設定され、その間に六八七艘の船舶と二三万人余の兵士を検疫することになった。似島、彦島、桜島の三ヵ所、宇品沖の似島が九七〇〇坪と最大である。似島だけで六月一日からの三ヵ月間に四四一艘の船舶、一三万七〇〇〇人の検疫をやらねばならない。七月のピーク時には一日に四〇〇〇人余に達する。

島の北方に安芸の小富士を仰ぐ似島の南側の砂浜に検疫所を設置、消毒場、宿舎、倉庫、避病院、快復室、さらには汚物焼却場、それに火葬場までが建設された（図2－3）。作業は、船舶検査、運搬、沐浴（もくよく）、蒸気消毒、薬物消毒、船舶消毒、焼却の順序で行われた。到着した兵士は蒸気罐に未消毒物を積みあげ、検疫のための作業服に着替え、作業服の蒸気消毒、身体の沐浴消毒を経て検疫に向かうという順序であった。

最も重要なものが蒸気消毒罐である。衛生局時代ならびにドイツ留学中にロベルト・コッホ研究所で起居をともにした、往時すでに世界に名を知られていた細菌学者の北里柴三郎の大いなる助力を得て、大型蒸気消毒罐一三機が導入された（図2－4）。

この蒸気消毒罐で一五分間、六〇度以上の高温の中で兵士を耐えさせれば、コレラ菌の大方は死滅する。そういう設計だった。北里もしばしば検疫所を訪れては消毒の指導にあたった。

検疫にいたるまでの時間のかかる面倒このうえない手順に、一刻もはやく故郷に勝利の錦を飾りたい帰心矢のごとき兵士たちに、大いなる不平が充満した。指揮を執る後藤に対しての非難は轟々（ごうごう）たるものがあった。

〝これがあの酷（むご）い戦争を戦い抜いた兵士を迎えるやり方か〟

不満は爆発寸前にまでにいたる。後藤も手を焼き、児玉に訴える。児玉は閃（ひらめ）いた。

旅順に出陣していた征清大総督の小松宮親王が五月二十二日に凱旋される。親王を説得して、兵士と同じ手順で検疫にのぞんでいただければ兵士の不満は一気に収まる。

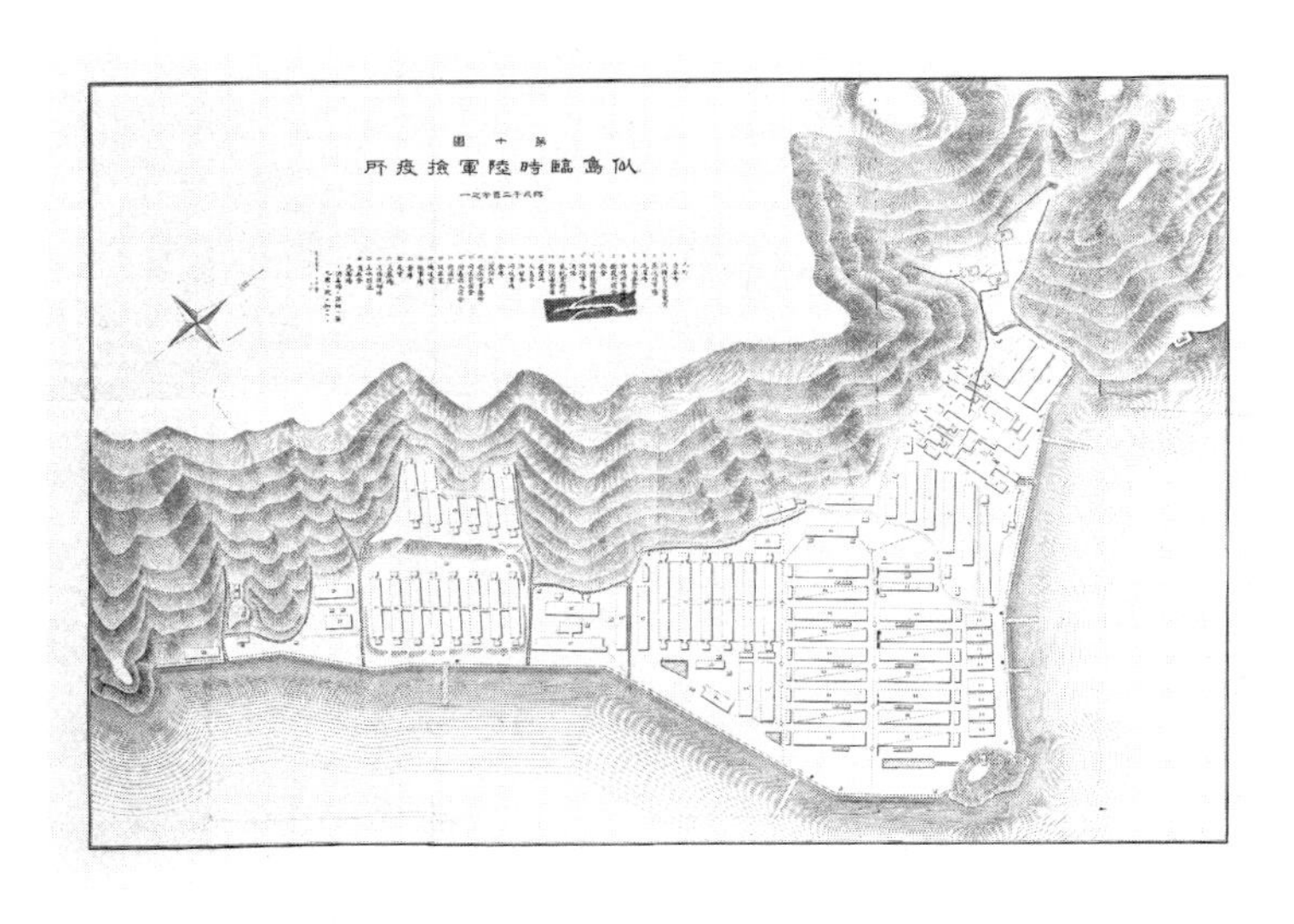

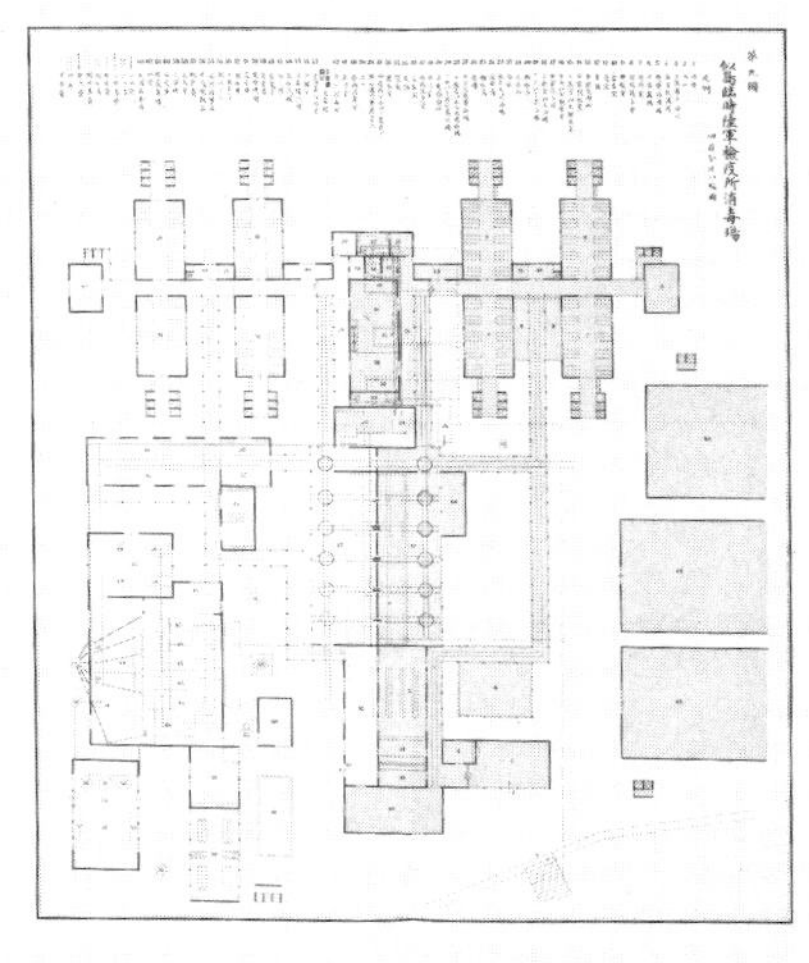

図２－３「似島臨時陸軍検疫所平面図」（上）。右部分にある消毒場を拡大したものが左の図。未消毒ゾーン（着色部分）と既消毒ゾーンを左右に分け、感染を防ぐ工夫がなされている（1896年に刊行された『臨時陸軍検疫部報告摘要』附図、後藤新平記念館蔵）。

図2－4　似島臨時陸軍検疫所蒸気消毒室の一部（後藤新平記念館蔵）

艦船から艀を渡って岸壁にたどり着く小松宮親王に、児玉は慇懃に申しあげる。

「ご無事のご帰還、何より嬉しゅうございます。殿下はもちろん戦況のご報告のために、京都にご滞在中の陛下に拝謁あそばされるものと拝察します。万が一のことではありますが、殿下が戦地で何らかの病原菌などに汚染しておられるとすれば、そのまま陛下の御前に臨まれることはまことに畏れ多いことでありましょう。殿下、検疫にご協力願えればまことにありがたく、非礼を顧みずお願い申しあげます」

「承服しました。この身のままで陛下の御前に臨むわけにはまいらぬ。是非、検疫をやってくれ」

児玉の機略により全兵士の憤懣は収まり、その後の検疫は粛々と進められた。

会ってまだいくらも経っていないのに、難題を果断にこなす児玉の非凡な判断力をみて、後藤はこの人物に付いていくかと改めて臍を固めた。

後に報じられた記録によれば、この三ヵ所の検疫所で罹患が証明された兵士の数は、真性コレラ三六九人、疑似コレラ三一三人、腸チフス一二六人、赤痢一七九人、疱瘡（ほうそう）二人であった。この数の罹患者が検疫なくして国内の各地に帰還していった場合の事態の深刻さは、想像するだに恐ろしい。

日清戦争後の検疫事業は、往時の日本の政治指導者がこれを国家緊急事態として認識したがゆえの成功であった。検疫事業の遂行に一瞬の戸惑いがあったとすれば、日本国内はいかに由々しい事態に陥っていたか。二〇二〇年における新型コロナウイルスのあの急速な拡散のありようをみていると、指導者が「初動」においていかに迅速に立ち居振る舞うか、ポイントはやはりそこにある。現代の視点からみても、児玉と後藤の初動にはみるべきものがあったといわざるを得ない。

後藤は、相馬事件の汚名もこれで挽回できたかと感じた。その矢先に内務省衛生局長に復職せよとの辞令を受け、次いで第四代総督に任命された児玉源太郎に同道、総督府民政長官として台湾に赴き、世界の植民地経営史に名を遺す数々の偉業をなしとげるにいたる。

＊

第三章　児玉・後藤政治始まる

——「我輩ノ統治ノ方針ハ無方針」

もう一つの日清戦争

明治三十一年(一八九八)三月二十日昼、後藤は新橋停車場で桂太郎以下の要人、群衆の万歳三唱を受け台湾に出立した。明治二十二年に開通していた新橋・神戸間を結ぶ東海道線に乗車、神戸で大阪商船の「台中丸」に乗り換え下関に着く。ここで児玉が乗船、三月二十八日未明に基隆港埠頭に到着、新橋から基隆まで九日を要した。遠いなあ、というのが後藤の実感だった。

基隆発の列車で午前中に台北着。駅前で閲兵を受け、騎兵隊の護衛兵に守られ台湾総督府に到着した。

児玉と後藤を待っていたのは土匪の討伐であった。アヘン対策もやらねばならないが、これは「漸禁策」として長期にわたって対処する方針がすでに確定していた。他方、土匪は日本軍の進駐を阻止する眼前の脅威である。いちはやくこれに対応しなくては台湾の統治は開始さえできない。

樺山、桂、乃木の三代にわたる総督が手を尽くして討伐を試みたものの、成果がどうにもあがらない。土匪制圧の任が児玉と後藤には重くのしかかった。日本軍と武装勢力との生き地獄のような凄まじい闘争についての記述はもう少し後にまわそう。

日清講和条約がなって台湾割譲が決定されたものの、ここは日本にとっては未知の新領土であった。台湾に援用すべき政策自体が不分明であり、もとより法令が用意されていたわけではない。暗中模索だった。とにもかくにも初代台湾総督を陸軍大将・樺山資紀、民政局長を水野遵として台湾に赴かせた。

樺山は、明治七年（一八七四）、台湾に漂着した琉球漁民の殺害事件、いわゆる「牡丹社事件」に際し台湾出兵を建議、つづいて前後三回にわたり台湾全域の調査を敢行、西郷従道率いる征討軍に陸軍少佐として従軍した経験があった。この経験を買われての総督就任である。

樺山は伊藤総理から「赴任ニ際シ政治大綱ニ関シ訓令ノ件」を受けた。訓令の一部には「貴官ハ本訓令ノ明文ニ適合セズト思料（しりょう）セラルモノト雖（いえど）モ臨機専行シテ後其顚末（てんまつ）ヲ報告スルコトヲ得」とある。

台湾統治の全権が樺山に委任されたのである。台湾統治のための政策が日本政府内においていまだ決定されていない以上、台湾に赴任する樺山には「臨機専行」をもって対処すべしと訓令するより他なかった。

満洲に出陣中の北白川宮能久(よしひさ)親王率いる近衛師団が台湾に向かうことになった。樺山率いる日本軍が近衛師団と合流、台湾島の北方洋上に迫った。樺山総督は李経方の乗船する「公義号」上で台湾授受について合意、ようやく上陸となった。

この時点で台湾は清国の独立した一省であった。初代巡撫・劉銘伝(りゅうめいでん)、二代巡撫・邵友濂(しょうゆうれん)の後を襲った唐景崧が第三代巡撫代理を務めていた。台湾で財をなす富豪や大地主に支えられ指導的立場にたつ邱逢甲(きゅうほうこう)などの強い勧めにより、唐景崧は進駐する日本軍に抗して新たに樹立された「台湾民主国」の総統となった。

主力軍は、台湾防衛のために清国から呼び寄せられた「兵勇」であった。台湾人によって組織された「民軍」をも合わせ、約五万人の守備軍を擁していた。しかし、守備軍と日本軍との攻防戦は数時間で終わり、守備軍は基隆から敗退。敗走した守備軍が台北城に流れ込んだ。清国兵勇が城内で働いた狼藉は凄まじく、強奪、強姦、放火なんでもありだった。唐景崧は台湾を見限り、台北から淡水(たんすい)を経て大陸に逃げ帰った。日本軍は台北に無血開城、六月十七日には始政式が執り行なわれた。

「土匪」という集団

だが、日本軍が台湾住民の抵抗を受け苦しめられるのは、台北城を制圧した後、台南に向け南下する道程においてであった。基隆から台北にいたるまでの間に日本軍に対抗した主力は清国から雇われた兵勇であったが、彼らは戦いに勝ち目がないと悟るや戦意喪失、台北城内での狼藉の後に大陸に逃亡した。

残るは台湾人の民軍だけとなった。銃器不十分な彼らは、小部隊にわかれて日本軍の背後を突くゲリラ戦法を展開した。ゲリラ戦法に不慣れな日本軍は、時に町村民を含む住民を過剰に殺戮（さつりく）、これが住民の憎悪と怨嗟（えんさ）を招き、激しい戦闘が各地で繰り広げられた。修羅場だった。

結局のところ、民軍は日本軍の軍勢に押され鎮圧を余儀なくされた。第二次「台湾民主国」は成立したものの名ばかり、民主国の第二代総統の劉永福も大陸に逃れて日本軍による制圧は終わった。

日本軍上陸以来の攻防戦で犠牲となった台湾住民は、一万人を超えたという。台湾に関わった日本軍の総数は陸軍二個師団約五万人、軍属と車夫二万六〇〇〇人、軍馬九五〇〇頭、これは当時の陸軍兵力の三分の一以上、連合艦隊の大半の動員である。「もう一つの日清戦争」であった。

樺山総督のもとに日本の台湾統治がようやくにして開始された。明治二十九年六月には樺山にかわり第二代総督として桂太郎が任命された。在任期間は四ヵ月と少し、台湾滞在は一〇日ほど、陸軍大臣の拝命を受けると同時に中央政界へ戻っていった。次いで第三代総督として任命されたのが乃木希典である。

明治二十八年六月十七日、台北城において始政式が執り行なわれたものの、「土匪」と呼ばれる小規模ながらも屈強な反抗集団が各地で激しく抵抗。土匪は兵勇より手強い相手だった。土匪とは土着の匪賊の意だが、強奪・暴行集団がある一方、侠客集団があり、村落自治組織があり、その性格は多様であった。

図3－1　監獄より出廷する「土匪」（『台湾匪乱小史』より。国立国会図書館蔵）

土匪は平時には町村の住民の中で居住し、隙あらばいっせいに日本軍に襲いかかるという戦法を得意としていた。土匪討伐は殺戮を生み、殺戮された者に連なる血族、地縁の者が新たに土匪となって勢力は「再生産」された。

乃木が台湾総督として任命されたのは、「三段警備」と呼ばれる強力な手法による土匪討伐の任を帯びてのことだった。三段警備とは、台湾総督府法務部編纂の『台湾匪乱（ひらん）小史』によれば、「山地嶮要（けんよう）の土匪に対しては軍隊之れを制し平地市街地は警察治安保持の任に当り其中間の地は憲兵警察協力して緩急事に応じたる」方法だという。

すでに平定されている市街地は警察、土匪が出没して容易に手に負えない山地では軍隊が対応、市街地と山地の中間地帯は憲兵と軍隊が協力対応するという方法であった。しかし、この方法が効果をもったかというと、そんなことはなかった。特に山地やその近傍に潜む匪賊にはまったく効果がなかった。土匪の力が思いの外に強かったのである。軍、警察、憲兵隊という命令系統を異にする三つの組織を統率する総督府の力も未熟であった。

土匪の制圧が難渋をきわめ、三段警備をもってしてもいかんともし難い局面に日本は立たされた。何か他に手立てはないのか。

〝閣下、就任式はまだ案を表明する場ではありません〟

後藤の着任は明治三十一年（一八九八）三月、この時点での職責は民政局長だった。六月に新官制により民政長官となった。後藤年来の思想が「生物学の原理」である。後藤が原理を児玉に説き、原理にもとづく土匪招降令を書きあげ、招降令が児玉により採用されて土匪順撫に成功するという経緯を記してみよう。

後藤の統治理念は、同年一月、大蔵大臣・井上馨の嘱に応じて書かれた「台湾統治救急案」の中にその骨格がすでに示された。旧慣の徹底的な調査研究、ならびにこれにもとづく諸政策の表明の必要性が説かれる。

各般ノ問題ニ就テ、各々其ノ事体ノ講究ヲ経ザレバ、予メ一定ノ政策ヲ宣言スルヲ得ズ。何トナレバ、政策ナルモノハ、時ト処ト場合ニ依リテ、適応ノ方法ヲ講ズルコトヲ要スレバナリ。（中略）諸般ノ問題ニ関シテハ、宜シク十分ノ調査研究ヲ待チテ、然ル後一定ノ政策ヲ立テンコトヲ要ス

後藤の主張は明治二十二年の『国家衛生原理』そのものである。「原理」については後述する。右の文章はさらにこうつづく。

凡ソ植民経営ノ大体ハ、今日ノ科学進歩ニ於テハ、須ク生物学ノ基礎ニ立タザルベカラズ。生物学ノ基礎トハ何ゾヤ。科学的生活ヲ増進シ、殖産、興業、衛生、教育、交通、警察等、皆此ニ基ヲ開キ、以テ生存競争裡ニ立チテ、克ク適者生存ノ理ヲ実現スルコト之ナリ。彼レ動物ガ克ク寒暑ヲ凌ギ、飢渇ニ堪エ、境遇ニ順応シテ生存スルガ如ク、吾等ハ時ト処トニ随イ、克ク諸般ノ困難ニ打勝チ、施設肯綮ヲ得テ、台湾経営ノ上ニ光輝ヲ発揚セザルベカラズ

後藤は自身の著作の中で「総督就任の初に於て施政方針を声明せざりしこと」という項目を設け、児玉が総督就任に際して施政方針をまったく示さなかったことを言及している（『日本植民政策一斑』拓殖新報社、一九二一年）。

総督は政策表明などやらなくていい、旧慣調査を徹底し、「生物学の原理」にもとづく統治をまっとうすることに専心すべし、という後藤の信条が児玉を動かしたのであり、このことを後藤は誇りたかったのであろう。

*

「後藤君、就任式も間もないことだから、演説の草案を書いてくれよ」

「いや、閣下、就任式はまだ案を表明する場ではありません」

「どういうことか」

後藤は、台湾統治のための思想の根本を児玉に「体化」させる好機到来だと思いを定め、以下の三つのことを諄々と説く。児玉には得心のいく話だったらしい。長い「弁舌」に耳を傾けた。

「総督は台湾の土を掘るためにやってきたのではありません。総督の職務として一番大切なことは、帝国の植民政策の基礎を確立することにあります。閣下には、閣下の堅牢なる鍬で、他の誰もが掘り起こすことのできなかった難題に立ち向かっていただかなくてはなりません。総理大臣はもとより閣僚を始めとする内地の政治家の頭を耕すこと、これが何より重要な閣下の課題だと私は考えます」

宙を泳いでいた児玉の眼が、ここで後藤を睨みつけるように向けられる。

「そのうえ、すでに何度かお話ししたことですが、もう一度申しあげます。台湾統治の方針の基礎は生物学の原理においていただきたい。すべての計画がこの原理から外れてはいけません。統治の方針について役人や住民によく理解させる必要がありますが、一場の訓示や一篇の文字で彼らの合点を得ることはできません。すべては事実をもって覚らせる。事実ほど雄弁なものはありません。人材を集め、組織を整備することが肝心です。人の心に感銘を与え、少しずつ人々を指導啓発し、具体的な理解を得ることがどうしても必要なのではないでしょうか」

「ふむ」

後藤の説教もこのあたりで終わりかなと思うが、いよいよ「佳境」である。生物学の原理について後藤はさらに次のように説く。

「行政を生物学の原理のうえに建てるためには、一方では、住民の土俗旧慣を尊重することが大切です。しかし、これは古い習慣に頼ってその場を凌ぐという意味ではまったくありません。改善の精神を失わずに、旧来のものをつねに進化させていかねばなりません。旧慣制度調査局を設け、旧慣古制の調査を徹底しながらことを進めていくべきではないでしょうか」

「三つのことを申しあげましたが、閣下の施政の方針についてはいろんなことをいってくる人間がいるにちがいありません。何か問われた時には、以上の大意を簡潔に答え、事実こそがすべてだ、信頼して俺に任せておけ、というだけでよろしいのではないでしょうか」

瞬時にして、児玉は後藤の道理の正しさを理解したかのごとくだった。

「わかった。実に面白い。施政方針の宣明はやめよう」

一言である。児玉の鋭敏な理解力に感激したのは後藤のほうだった。小理屈をぐずぐずこねずに就任訓示の草稿をまず書け、といわれても致し方ないところだったが、呆気にとられるほど簡単に「わかった」と返されて、いかにも大きな児玉の度量に後藤は打たれる。

この場面についての後藤の印象は、先の『日本植民政策一斑』によればこうである。

> 是は尋常一様の政治家の遣(や)れる所でない。流石(さすが)に児玉総督は折角(せっかく)の思付を一気に打切られた。而て(しかし)終始一貫、本国に於ける殖民政策に対する朝野の頭を開拓するに力を致されて、台湾拓殖を成功せしむることに大(おおい)に努められたのである。果して其良結果を一世に示めさるゝに至つたが、是は児玉総督の偉大なる所である

土匪をどう制圧するか

土匪を軍隊や憲兵隊の力で退けることはまず不可能である。「三段警備」は非効率的であるばかりか、むしろ良民を巻き込んで彼らの怨恨を買い、土匪の再生産につながっているではないか。主力は警察でなければならない。警察といっても、治安維持だけを目的とする狭義の警察ではない。裁判、徴税、自衛などをも担い、さらに警察官には地方長官をも兼ねさせねばならない、と後藤は主張する。

後藤の刮目すべき提案は、行政の末端は自治制度に任せ、自治的行政を最善に機能させるよう警察制度を利用し、そうして行政の最末端の力によって土匪の「生存空間」を消滅させようと考えたことである。

この考え方は、後に述べる「保甲制度」の復元採用につながる。後藤にとって三段警備はもっての外だった。救急案に鮮明にあらわれる後藤の自治についての考え方は、「自治制ノ慣習コソ、台湾島ニ於ケル一種ノ民法ト云ウモ不可ナシ」であった。

台湾は清国にとっては「化外の地」であり、住民は「化外の民」として統治の対象ではなかった。放任のままだった。それがゆえに「自治自衛ノ旧慣」は台湾のすべての町村において実によく発達していると後藤はみていた。

児玉は後藤のこの考えを深く理解し、熟考を重ねたのにちがいない。明治三十一年(一八九八)六月三日の「陸海軍幕僚参謀長及ビ各旅団長ニ対スル訓示」において、次のように切り出して三段警備の廃止を訴えた。

予ノ職務ハ台湾ヲ治ムルニ在テ、台湾ヲ征討スルニアラズ

日清戦争に勝利し、台湾の占領に多大な犠牲を払った主力が軍部である。土匪勢力と戦ったの

も軍部である。当時の台湾において軍部の力を抑えることは容易ではなかった。しかし、軍政家の児玉は後藤の考え方の合理性を見抜く。五月二十五日の地方長官会議の訓示で、児玉はこう述べた。

兵力ハ国家ノ静寧ヲ維持スルニ於テ、一日モ欠クベカラザルモノナリ。然レドモ今日ノ如キノ制ヲ執リテ兵力ヲ細分化スルハ、兵力ノ効用ヲ奏ズル能ワザルノミナラズ、寧用兵ノ法ニ於テ頗危険ノ虞アリ。又兵力ヲ要スベキノ敵ナルヤ否ヲ詳ニセズシテ、直ニ軍隊ノ偵察ヲ出スガ如キ、或ハ地方官ノ未知ラザルニ先チ、軍隊ノ已ニ討伐ヲ試ミルガ如キ、皆其宜シキヲ得タルモノニアラザルナリ

西郷菊次郎

宜蘭は台湾島の北東部に位置し、海岸沿いまで山地が迫る。中央山脈に発する川が東部に向かい流れて太平洋に注いでいる。暴風雨に襲われるや川は濁流となり、堤防を決壊させ田畑や家屋を押し流す暴れ川へと変じる。

懐の深い山中には、往時、多くの土匪が跋扈していた。力をもって制圧することは容易ではなかった。林火旺は、この宜蘭山中を舞台に数百人の部下を擁する大頭目の一人である。林火旺を

どうするか。土匪討伐の帰趨(きすう)を決する大事であった。

後藤の厚い信頼を受けてこの難事業に当たったのは、西郷菊次郎である。西郷隆盛を父、海軍大臣・西郷従道を叔父とする菊次郎は、米国留学後、西南戦争に薩軍の兵卒として参戦、銃弾を受け膝下を切断。戦後は外務省に入り、米国公使館勤務、再度の米国留学を経て帰国した。帰国後は宮内省式部官に任じられた。

従道は菊次郎の海外経験を買い、陸軍省大本営付の参事官心得として台湾総督府に赴かせた。日本初の海外領土での統治のありようを学ばせ、いずれはその統治の責を負わせたいと考えたようだ。菊次郎が赴任したのは土匪の跳梁する台湾北部の宜蘭である。宜蘭庁長が菊次郎の任であった。明治三十年(一八九七)五月、乃木希典が台湾総督の頃のことである。

図3-2　西郷菊次郎(式部官在任当時。拓殖大学蔵)

乃木時代の「三段警備」は土匪の敵(てき)愾心(がいしん)を煽り、武力ではどうにも御し難いという局面を迎えていた。総督が乃木から児玉にかわり、武断主義を転じて新たに民政主義による統治へと舵を切ろうとしていた。

　菊次郎は宜蘭に赴任して以来、土匪対策に八方手を尽くしてなお解決の糸口をみいだすことができない。日本の討伐軍に対する土匪の仇怨（きゅうえん）はいやますばかりであった。これではいずれ大規模な暴発はまぬかれない。ここは頭目の林火旺に訴えるより他ない。林火旺とて同じ人間ではないか。

　菊次郎は後藤と頻繁な討議を重ねた。

＊

「長官、私も調べ尽くしています。しかし、武力による鎮圧だけではどうにも無理です。招降策以外に手はないんじゃないでしょうか。政治的不満分子も確かにいます。生来の悪党もいます。しかし、彼らは少数派だと私は踏んでいます。生業を得られず土匪に身を投じたものがほとんどじゃないでしょうか」

「どうもそうらしいね。それに、軍隊や憲兵隊、警官との衝突で身内の者が殺傷され、その怨みから反抗に走った人間も結構いるらしい」

「長官のそのような見方は正しいと思われます。武力は最小限に用い、匪徒に生業を保証してやる。前非を咎めることなく、こちらのほうからまずは招撫（しょうぶ）の意を示す。これが順序なんじゃないでしょうか」

「そういうことなんだろうね」

「その趣旨の布告を総督が出してくれれば、それをもって私がまずは林火旺を説き伏せてみます」

「だがね、問題はそこだよ。総督がその判断に乗ってくれるかどうか。乗ってくれたとしても、もしもだよ、万一、招降策が失敗したとなれば、大問題じゃないか。今は台湾統治のとば口だからね。失敗となれば、総督の責任問題になりかねない。帝国の威信に関わる」

「もちろん、私もそう思います。長官、ここはご一緒に総督の説得にあたってくれませんか」

「わかった。無論、私も同席する。君のほうから総督を説得してみてくれ。後藤も同意していると君の口から伝えてほしい」

「大変に心強いことであります」

「宜蘭の林火旺の説得に成功すれば、他の地域の土匪の招降にとって大変重要な先例となることを総督に伝えたらどうかね」


菊次郎は総督府に出向き、後藤ともども児玉への説得をつづけた。武力制圧の詮なきことを知る軍政家の児玉は、菊次郎の進言を受け入れた。児玉の判断はここでも迅速だった。

*

児玉は菊次郎に向かって、「匪徒帰順ノ事ハ、其処理貴下ニ一任スト」と述べたと記録される。総督府から宜蘭に帰った菊次郎は、ただちに地元の宜蘭の士紳を招集。土匪招降策について彼らの賛同を得た。菊次郎は通訳を同道して林火旺に接触し、林の意向をただした。

林火旺もさすが数百人を配下に擁する大頭目だった。敵愾心は旺盛なものの、合理を解するに十分の理性があった。林はこういう。

〝日本陸軍のあまりに苛烈な討伐に抗するには力をもってするより他ない。武力を放棄してなおまっとうな生計の道が保障されるのであれば、武力は収めてもいい。生業なく所得もない自分たちの生計が必ず保証できるか、これが可能であれば説得に応じてもいい〟

菊次郎のあの茫洋たる風貌からたちのぼる、何か大きな器量に林火旺も信をおいたのであろう。菊次郎は後藤を通じて児玉に林火旺の意向を伝えた。同時に、今度は総督自身が土匪に向かって招降策への決然たる意思を表明すべきだと主張した。児玉の対応はここでも素早かった。総督はただちに布告を用意せよ、と後藤に命じた。布告にはこうある。

若シ汝等ニシテ帰順ノ意アラバ、任意官邸ニ来ルヲ許シ、疑ウアラバ民政長官自ラ往行(でむ)イテ之ヲ説カン菊次郎は布告を懐に緑濃い宜蘭山中に入り、林火旺に総督の意向を伝えた。

後藤はこの招降策を全島の土匪頭目に周知させるには、少々規模の大きな帰順宣誓式典を施行し、総督府の意図を鮮明にする必要があると考え、式典を決行した。いかにも後藤らしいパフォーマンスである。場所は林火旺の拠点・宜蘭東北部山中の礁渓（しょうけい）にある一公園であった。

後藤、菊次郎はもとより、守備隊、憲兵隊の将校、陸軍幹部をも同席させた。他でもない、招降策が武官をも含む総督府の一致した対応策であることを顕示したかったからである。

この帰順式典での後藤のスピーチが、鶴見祐輔『正伝 後藤新平』（第三巻）に遺されている。


其罪万死ニ当ルニ拘ラズ、汝等ノ茲ニ至レルノ情憫ムベキアルヲ以テ、其前罪ヲ赦シ、今後永ク汝等ハ旧部下ト共ニ、汝等再生ノ恩人タル西郷庁長ノ命令ニ服シ、正業ヲ力（つと）メ、遷善（せんぜん）ノ実（じつ）ヲ効スコトヲ努メヨ

遷善とは四字成語「改過遷善」の縮小である。みずからの過ちを悔い改めてよりよい道にもどるの意である。

同じく鶴見の『正伝』には帰順式典を終えて宜蘭を去るに際し、後藤が認めた七言絶句の漢詩

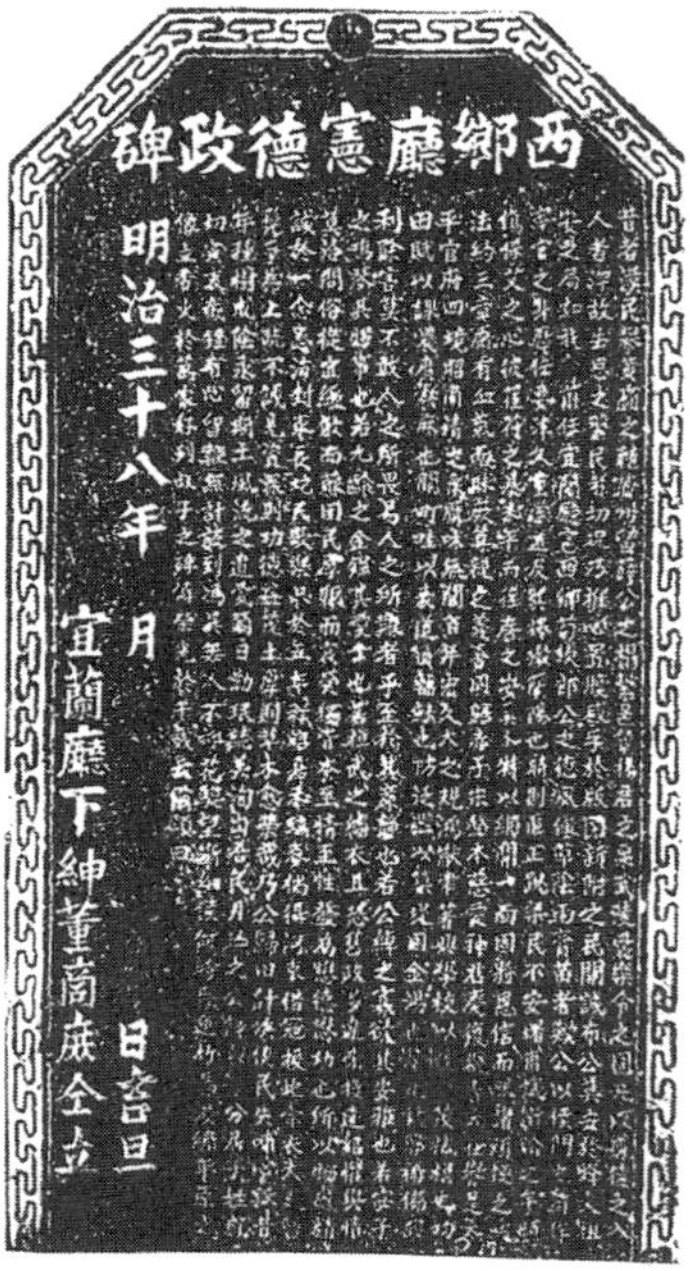

図３－３　西郷庁憲徳政碑・碑文の拓本（蘇美如『宜蘭市誌』より転載）

「入宜蘭城」が記録されている。訓み下しも鶴見のものである。

悲風惨雨一時晴
従是万民楽太平
初識聖恩与天一
歓声湧起宜蘭城

悲風惨雨　一時に晴れ
これより万民　太平を楽しまん
初めて識る　聖恩の天と一なるを
歓声湧き起こる　宜蘭城

林火旺の帰順は土匪制圧の帳を開いた。陳秋菊、簡大獅、柯鉄等も林火旺の帰順以来、一進一退を繰り返しながらも結局は総督府の説得に応えて武器を収めた。
帰順後の土匪は道路開鑿、橋梁建設、樟脳製造などに携わらせ、相応の金品を与えて彼らを厚生・誘導することに成功した。

宜蘭には西郷堤防としてその事跡を今に遺す長大な堤防がある。長さ一七〇〇メートルに及ぶこの堤防は、宜蘭川の頻発する氾濫になすすべのない地域住民を救済しようと菊次郎みずからが計画、工事監督をも務めて建設されたものである。帰順した土匪の労働力動員がその建設に大きく貢献したと伝えられる。

宜蘭川の畔(ほとり)には高さ四メートルの巨大な石碑「西郷庁憲徳政碑」が建てられている(図3-3)。菊次郎の厚い人徳と民衆教化の高い実績が七五〇字の美しい楷書体で刻まれる。

第四章　国家衛生原理という思想

「人間には自治という本能がある」

「自治制ノ慣習コソ、台湾島ニ於ケル一種ノ民法と云ウモ不可ナシ」

井上馨の求めに応じて満身に力を込めて書きあげた「台湾統治救急案」の中にでてくるフレーズであった。自治こそ「救急案」のキーワードであり、「生物学の原理」の根幹をなす観念である。後藤の自治観念は総督府民政長官としての実践を通じて一段と鍛えられていく。後藤は古くから台湾に根づいてきた台湾の旧慣「保甲」を発見して、これを社会の末端にまで息づく制度として確定した。アヘン漸禁策も土匪招降策も、保甲制度によってその成功が保障されたといっていい。保甲のことはすぐ後で述べる。

「自治」について後藤がどのように記していたか。後藤が八年半余の総督府民政長官を辞したのが明治三十九年（一九〇六）である。それから一〇年余を経て大正九年（一九二〇）に『自治生活の新精神』（内観社）を著した。後藤の自治観念が氏一流の語り口で論じられている。その精髄が同著の「総序」にある。三つのセンテンスを引用しておこう。

人間には自治の本能がある。此本能を意識して団体的に自治生活を開始するのが文明人の自治である。我々は自治の問題を以て旧来の因襲に従ひ、専ら正邪善悪の抽象的道徳論として取扱つてはならぬ

人間は自己の生活を拡充し向上せしむる権利を有つてゐる。如何にして自己の生活を拡充向上せしめんか、自己は決して自己単独にて生存し得るものではない。自己の生活は唯隣人と共に団結して始めて拡充向上することが可能るのである。

真に徹底したる経済生活を為さんとすれば隣人と共にするより外に途がない。(中略)若し小売商人が暴利を貪るが如きあらば、一市一町一村の主婦の多数が購買を拒絶すれば小売相場は容謝なく下落するに相異ない。此結束あることが軈て社会連帯の理想に達する道である

鶴見祐輔『正伝　後藤新平』によれば、後藤は清代の官箴書である三二巻に及ぶ黄六鴻編著『福恵全書』のうち第二一巻に記される「保甲之制」に着目し、これに類する制度が台湾の旧慣の中にも存在すると直感して、「隣保連帯」の「自治的警察機関」の存在の発見にいたった、と

いう。

かねて胸中にあった自治観念のまぎれなき実態を、後藤は台湾の旧慣の中に発見した。このことを後藤は大いに自負したかったのであろう。生来の迅速な判断力のゆえでもあろうが、何しろ火急のことごとくの課題に対処しなければ追いついてはいけない。そういう統治初期の切迫した事情があった。後藤のこの着想は児玉の同意を得て、ただちに明治三十一年（一八九八）年八月の律令第二一号の「保甲条例」として公のものとされた。疾風のごときスピードだった。条例は七つの項目からなる。第一条と第二条を記しておこう。

第一条　旧慣ヲ参酌（さんしゃく）シ保甲ノ制ヲ設ケ地方ノ安寧ヲ保持セシム
第二条　保及甲ノ人民ヲシテ各連座ノ責任ヲ有セシメ其連座者ヲ罰金若（もしく）ハ科料ニ処スルコトヲ得

住民の一〇戸を一甲、一〇甲を一保として再編、甲には「甲長」、保には「保正」と呼ばれる責任者を配置した。保甲内の士紳が選ばれた。任期は二年、無給かつ自宅での公務処理が原則とされた。

保甲は各地方の行政警察の指揮と監督を受け、両者あいまって地方行政の末端を担う住民組織とされた。任務は末端行政にわたるほとんどすべて、土匪捜査、アヘン常習喫煙者管理、住民調査、土地調査事業、保甲出入者管理、伝染病予防、公衆衛生、道路橋梁建設、自然災害対応、その他住民の生活の全範囲に及んだ。

緊急事態への対応が、保甲の特に重要な役割であった。十七歳から五十歳未満の壮健な男子が一保当たり四名程度の割合で選ばれ、「壮丁団」を結成。行政警察の指揮・監督下で土匪はもとより犯罪者や挙動不審者の保甲内への侵入に対応した。

土匪制圧に最大の力を発揮したのも、全島の津々浦々に根を張る保甲壮丁団であった。明治三十六年（一九〇三）年七月には、台湾全島で壮丁団数は一〇五八、壮丁団員数は一三万四〇〇〇人にのぼったという。

住民の自発的参加が基本とされた。しかし、罰則規定もある。保甲条例第二条には、保甲内の各戸は相互に監視し、違背する行為があった場合の罰則規定が盛り込まれ、保甲住民の職務怠慢や違法行為には連座制が適用された。

後藤思想の源流

後藤は内務省衛生局長に就任以来、閣僚を含めて要職に次ぐ要職を務め、しかもそれぞれにあって変幻自在な政策建議、政策立案・施行を指揮した希有の官僚政治家である。多彩な政治的経歴を後藤ほどダイナミックに展開した人物は、日本の近代史の中でもそうはいない。

しかし、後藤の縦横無尽のごとき人生には、一個の確たる信条が貫いていた。揺らぐことのない信条があったればこその自在な政治人生であった。

後藤の思想は、内務省衛生局勤務の時代、明治二十二年(一八八九)、三十二歳の時に著した『国家衛生原理』の中に顕現した。執筆後、後藤は二年有余のドイツ留学に旅立つ。『原理』の執筆を通じてみずからの思考が言語化されて思想となり、信条となり、その信条が後の後藤の政治的人生を方向づけた。後藤の人間観、国家観、世界観をこれほどまで精緻に展開した著作は、多岐にわたる後藤の文章の中にも他にない。後藤の精神世界を形づくったものは、確かに『原理』の執筆であった。

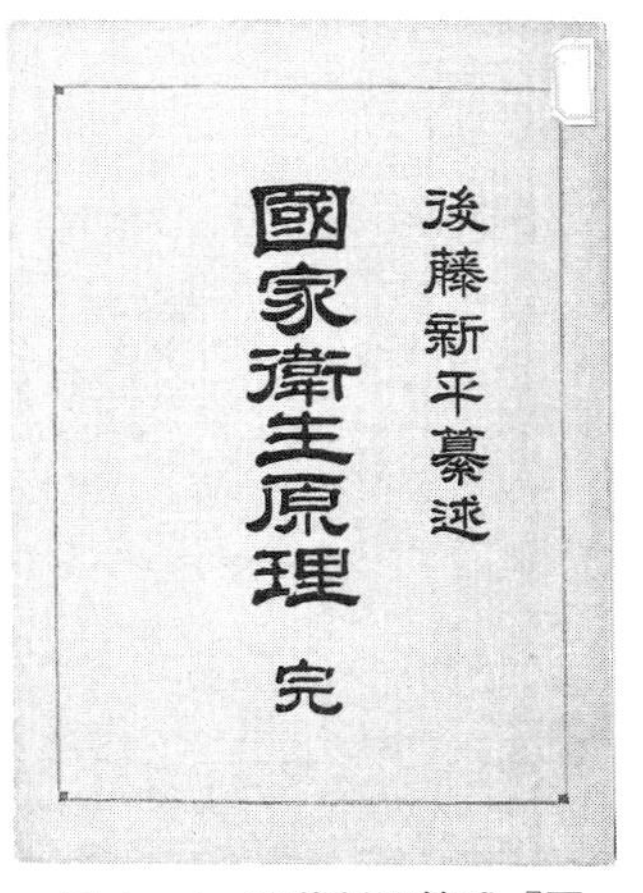

図４－１　後藤新平纂述『国家衛生原理』(後藤新平記念館蔵)

後藤の内務省衛生局長の時代は、欧米の社会科学の勃興期だった。ドイツ留学はビスマルクによる社会政策の展開期とも符合する。ダーウィン、スペンサー、ベンサム、ジョン・スチュアート・ミルなどの思想が欧米の知識人に深遠な影響を与えていた。後藤もそれら知識人の文献を渉猟しながら執筆にあたった。そして、欧米の思想に立脚しながらも、これを超克して後藤独自の人間観、国家観、世界観にいたり、その思想と信条が後に台湾というフロンティアのキャンバスのうえに具現されていった。

『原理』のベースとなったのは、当時ソーシャル・ダーウィニズムと称されて一世を風靡した「社会進化論」である。チャールズ・ダーウィンの『種の起源』によって初めて立証された「生存競争」「適者生存」をキーワードとする生物学的進化論が、生物学の域を超えて社会思想にまで深甚な影響を与えたのである。

ダーウィンの進化論を社会進化論として提起したのがスペンサーである。社会が進歩するという思想は、ダーウィン以前にあってはそもそもが希薄であった。しかし、当時の欧米諸国を巻き込んだ技術革新と産業革命の波は社会に大きな変動をもたらした。この社会変動には何か説明されるべき固有の方向性があるのではないかと考えられたのであろう。後藤を深く捉えたものも社会進化論であった。後藤は『原理』においてこう述べる。

今ヤ生物世界ニ於テ、生存競争ノ道須臾（しゅゆ）モ絶（たゆ）ルコトナク、適者生存ノ理須臾モ離ル可ラザルノ説ハ、当世ノ諸家挙（あげ）テ肯許（こうきょ）スル所ナリ。故ニ苟（いやしく）モ生ヲ有スルモノハ、競争ノ攻撃ニ抗抵シ若クハ之ヲ剋制（こくせい）シテ、適当ノ給養生殖ヲ営ミ得ルニ非ズンバ、其生存ヲ全クスルコト能ハズ。

独（ひとり）人類ニ至テ、何ゾ然ラザルノ理アランヤ。人類モ亦実ニ生物ノ一ナリ

生存競争の道は瞬時たりとも絶えることはなく、適者生存の道理から離れることもできない。生物界におけるこの道理は、当世の諸家がこぞって認めるところである。それゆえ、いやしくも生を授けられたものは、競争の攻撃に抵抗し、これを克服し、みずからを養い生殖をつづけなければ生存できない。人間だけはそうではない、というわけにはいかない。人間もまた生物の一つだからである。

「人類モ亦実ニ生物ノ一ナリ」。こう見定めたことが後藤の出発点であり、到達点でもあった。この文章につづけ、後藤は人間の生の目的についてこう述べる。

侵襲（しんしゅう）ニ抗抵シ、若クハ之ヲ剋制シ、若クハ其平和公正ヲ維持シテ、給養生殖ヲ営ミ、以テ心体ノ健全発達ニ満足ナル生活境遇、即生理的円満ヲ享有セントスル目的ニ外ナラズ

生体を傷つけるものに抵抗し、あるいはこれを克服し、あるいはその平和公正を保ち、給養と生殖を営み、心と体を健全に発達させるのに満足な状態、すなわち生理的円満を保持することが人間の目的に他ならない。

人間も生物の一つである。外装をすべて取り払ってなお残る人間の生の究極的な目的は「生理的円満」の確保にある。後藤はそう見立てる。ベンサムの「功利主義」とか、ミルの「最大多数の最大幸福」といった説は、人間の生の究極的な目的を言い当てたものではない。そうした漠然たる諸説の背後にあるものを追究していけば、人間は生理的円満のみを求める、そういう存在であることに気づかないはずがない。この点についての後藤の信条には揺らぐところがない。

人間が生理的円満を求めるのは、人間の中に本来的に埋め込まれている「生理的動機」のゆえであり、これは人間の中に「固有セル一種ノ天性」だともいう。そして生理的動機は「衛生的動機」だと後藤はいう。生理的動機を十全に保証するものが国家に他ならない。それがゆえにこその「国家」衛生原理なのだが、もう少し後藤の説をみておこう。

生理的動機にもとづいて生理的円満を手にすることが人間の最終的な目的である。正邪とか善悪とかいう倫理は、この最終的目的を得るためのただの「仮称」に過ぎない。後藤の言によればこうである。

> 本来社会ノ事物ニ就テ、正邪曲直ノ定ル所ハ、一社会ノ健全生活ヲ営ム（即(すなわち)生理的円満）ニ適スルト否(しか)ラザルトニ在リト云ハザルヲ得ズ

社会のことがらについて正邪だとか正不正だとかいうのは、実は一社会の健全生活にとってそれ

が適正であるのか否か、つまりは生理的円満に資するのか否かにあるといわざるを得ない。

価値の徹底的な相対化である。

ところで、後藤の唱える「衛生」だが、これは通常私どもの考える衛生という概念より広い。人間の生存を保障する社会的機能、生存競争と適者生存のための法や制度や組織、もちろん衛生保持のための医療、さらに上下水道などを含むインフラストラクチャーの全体をさしている。実際、後藤は衛生とは「衛生法」のことだといって次のように述べる。

衛生法トハ、生理的動機ニ発シテ、生存競争、自然淘汰ノ理ニ照準シ人為淘汰ノ力ヲ加ヘテ、生理的円満ヲ享有スルノ方法ヲ総称スルモノナリ。衛生ハ国ノ要素、死生ノ地、存亡ノ道、察セザルベカラザルナリ

衛生法とは、人間の生理的動機に発し、生存競争、自然淘汰の理に照準を合わせ、人為淘汰の力を加え、そうして生理的円満を手にする、そのための方法を総称したものである。衛生は国の基本であり、死生、存亡をわかつものであり、このことを深く洞察しなければならない。

人間の生理的円満を満たすための法や制度、組織のことごとくが衛生にかかわり、国家とは衛

生を保障するための「衛生団体」だというのである。

どうしてそうなるのか。

人間とは、生理的動機に発し生理的円満を得ようと生を紡ぐ存在である。しかし、この円満は個々の人間の力では到底充足できない。個々の力では自己保存さえかなわない。生理的円満を満たすためには、個々の力を超えた、個々の人間を生存させるための社会的秩序を形成する「公共ノ力」が不可欠である。

「公共ノ力」がなければ、人間はみずから生存することさえできない。このことを人間はほとんど本能的に知っている。「公共ノ力」は、実は生理的動機に由来するという。

ここにおいて後藤は、個々の人間の生存欲求を満たすための公共的秩序の形成者を「主権者」だといい、「最上権」だともいう。最上権をもつものが「衛生団体」、つまりは国家なのだと主張する。人間に内在する生理的円満への欲望が国家の存在を必然的に求める、そういう思考の回路である。

後藤の国家起源説だといってもよかろう。個々の人間は生理的動機に突き動かされて生理的円満を充足しようとするものの、個々の人間にはみずからの生理的円満を充足するための秩序を形成する力はない。この力をもつものは国家のみであり、国家という「公共ノ力」によって、初めて人間は生存のための空間を確保することができる。個々人の私的利益の追求が自己運動を重ねて最適解を導きだすといった、予定調和的な世界観とは際立って対照的な世界観が後藤のものであった。

フロンティア開発の設計

台湾というフロンティアの開発を後藤がどう設計したか。設計思想の原型を『国家衛生原理』の中に読み解くことができる。国家という「公共ノ力」が「最上権」をもたねばならない。台湾は日本という本土とは異質の社会である。それゆえ、台湾は日本とは別個の権力をもって統治されねばならない。

台湾をいかに統治するか。問われるのは方法論である。後藤思想の出発点となったのは「人類モ亦実ニ生物ノ一ナリ」というフレーズであった。

人間とは、生理的動機に発し、生理的円満を求め、生命体として生をまっとうするために生きる、そういう存在だ。台湾住民が生理的円満を得ようとどのような慣行の中で生きてきたのか。まずはこのことを調査研究することから始めねばならない。政策の立案・施行は精細な調査研究があって以降のことだ。

総督府民政長官を命じられて以来、後藤が説いてやむことのなかった「生物学の原理」とは、台湾社会をなりたたせている法や制度や組織や慣行の中に独特の原理を発見し、これを確認したいという後藤の強い欲求に由来している。

児玉から台湾総督就任に際しての施政方針の草稿を認めよと命じられた際、後藤が児玉に今は施政方針を表明する時期ではないと述べたことは先に記した。施政の方針表明はもっと後でいい。総督がまずやるべきことは、総督がその統治を委任された台湾の住民生活のありよう、台湾社会のグラスルーツに古くから伝わる慣行、つまりは「旧慣」を調査することだ。そのうえで生物学の原理にもとづく統治を開始しようと諄々説いた。

その「説教」が終わったところで児玉は後藤に次のようにいったらしい。

＊

「後藤君、君のその方針を大綱のようなものに簡単にまとめて、それを私に提示してくれないか」

「承りました。それでは一週間ほどの時間をいただいてもよろしゅうございましょうか」

「よろしい。君の頭ならそのくらいでできそうだ。長い文章は困るよ。忙しい時期なんだからね」

「かしこまりました。やってみます」

後藤は民政長官室に籠もりきって大綱の執筆に没入した。かくして原型が整えられたものが「台湾統治の大綱」である。

後藤は草稿を浄書して総督室に入る。大綱をまとめよ、といわれてから三日後のことだった。

「何か急な用事でもできたのかね」

「いやそうではありません。大綱がまとまりましたので持参したのですが」

「そうか、そうか、もうできたのか。さすがにはやいな」

草稿を受け取るや、大きなソファーにドスンと腰を落としてさっと目を通す。一瞬に大綱の意図を飲み込んだようだ。

「わかった。後藤君。君のいっていたことはこういうことなんだね。わかった、わかった。ようくわかった。これでいこうじゃないか」

後藤は、今までに仕えてきた人物の中でこうまで速やかに判断を下す指導者にはお目にかかったことがない。

〝こんな男、滅多にいるもんじゃない〟

と思う。児玉は児玉で、

〝こいつを民政長官として台湾に連れてきてよかったな〟

心底そう思わされていた。

台湾統治の大綱

大綱は八項目、要点は以下のごとくだった（『日本植民論』公民同盟出版部、一九一五年）。

第一、予め一定の施政方針を説かず、追って研究の上之を定む。研究の基礎を科学殊に生物学の上に置くこと。

第二、文武官の調和を計るべし。

第三、統治の政務多端にして、眼前処理すべき問題蝟集すと雖も、遠き将来に亘る調査を閑却すべからず。

第四、台湾と本国との法制上の関係を研究すべし。

第五、宗教に代るべき衛生上の設備を完全にするを要す。

第六、警察機関、司法機関の組織は特殊法を必要とし、殖産の奨励、交通機関の改善に就きても亦特殊的方法を講ずるを必要とす。

第七、土匪鎮定、生蕃討伐を行ふべし。

第八、民族的若くは種族的自覚に対し、適当なる処理をなすを必要とす。


『日本植民論』では、この八項目のそれぞれについて後藤自身がその趣旨について平易に説いている。八項目だが、根本は第一項目であるとして大略次のように述べる。

〃台湾は日本初の海外領土である。台湾の経営について過去の経験から学ぼうとしても、そういうものはない。欧州のいくつかの国には植民地の経営経験があるけれども、それら欧米の植民地と台湾とでは事情が随分と異なる。諸外国の経験に学ぶことが必要ではないとまでいわないが、模倣では駄目だ。台湾には台湾独自の統治方法が必要だと見定めなければならない。

施政の方針をあらかじめ設定することはよくない。方針があるとすれば、これは科学的なものでなければならない。科学、特に生物学の基礎に立脚することが肝心である。台湾の民情、自然現象、天然の資源などを現代科学の力を借りてよく調査し、調査研究により台湾住民にとって最も適切な統治法を見出し、これを施行するというのでなければならない。特有の気候風土から生じている危害、疾病などには適切に対処する必要がある。天然資源を開発しなければならない。資源の開発には科学を重んじ科学の力を応用すべきである〟

図4－2 「生蕃」と呼ばれた高砂族と共に（後藤新平記念館蔵）

大略そのように解説したうえで後藤はさらにこう記す。

故に此の一項は、台湾経営の根本問題であつて、諸般の経営施設皆此より出づべきものであつた。之と同時に吾人は文明の誤用、学術の誤解、教育の誤信等に陥つて、所謂文明の虐政を敢てせざるやう意を用ひた。以下述ぶる所の各項も此の精神より出で、此の精神に基いて立案されたものである

台湾独自の統治方法とは何か。

台湾は確かに日本の領土となった。しかし、遠い。明治三十一年三月、後藤が新橋を発って台湾北部の基隆港に到着するまでに九日間を要した。気候も亜熱帯から熱帯に属し、ペスト、コレラなどの風土病が蔓延している。住民の民度、教育レベル、文化は日本とはまるで異なる。日本の統治初期には武装勢力がはびこって、陸軍を悩ませた。アヘン吸引も常習化している。台湾は何から何まで日本の本土とは異なる。

強権をもって臨もうにも、無理だ。アヘン常習喫煙者や熱帯病が強権で制圧できるわけがない。土匪と呼ばれる武装集団に、陸軍、憲兵隊、警察による「三段警備」をもってしてもいかんともし難い。樺山、桂、乃木の三代の総督時代に事態はますます増悪したではないか。

台湾領有に際して、台湾の統治方針が日本政府に定まっていたかといえば、そんなものは用意されていなかった。台湾に援用すべき法律はもとよりない。

明治二十八年（一八九五）五月、樺山資紀を初代台湾総督に任命するに際して、伊藤総理は「赴任ニ際シ政治大綱ニ関シ訓令ノ件」をだした。そこでは樺山の「臨機専行」を許容していた。

統治のための法制が整備されておらず、統治組織も未熟なこの時期にあっては、総督の「臨機専行」に任せるより他に方法がなかったのである。

この訓令は、翌明治二十九年三月に「律令六三法」として法的に追認された。「台湾ニ施行スベキ法令ニ関スル法律」である。第一条は「台湾総督ハ其管轄区域内ニ法律ノ効力ヲ有スル命令ヲ発スルコトヲ得」である。ようやく法律として公認されたのである。

かくして台湾は日本とは異なる独自の「法域」とされた。本土の憲法からは自立したこの独自の法域の中で、後藤は自在に辣腕を振るったのである。

第五章　義の化身

——ウィリアム・バルトン

瘴癘の地

台湾はかつて「瘴癘（しょうれい）の地」といわれた。「瘴」とは南方の山川の毒気によって起こる病、「癘」とは流行病のことである。瘴癘とは、マラリア、ペスト、コレラなど熱帯・亜熱帯地域にはびこる疫病である。日本が領有することになった台湾は典型的な瘴癘の地だった。

衛生といえば、人間の健康の維持・向上を図り、そのために病の予防ならびに治療に努めるといった意味で一般には用いられている。それはそれでいいのだが、後藤新平のいう衛生とは、氏に固有の国家観に裏づけられたもっと広い概念であった。「衛生法」ともいうべき法的基礎をもつ国家存立の基盤でさえあった。先に引用した後藤の言をもう一度引用してみよう。

衛生法トハ、生理的動機ニ発シテ、生存競争、自然淘汰ノ理に照準シ人為淘汰ノ力ヲ加ヘテ、生理的円満ヲ享有スルノ方法ヲ総称スルモノナリ。衛生ハ国ノ要素、死生ノ地、存亡ノ道、察

セザルベカラザルナリ

後藤にとって衛生とは、人間の生存を図る社会機能のすべて、生存競争と適者生存を促すための法律、制度、組織、医療、上下水道などのインフラの全領域を網羅する。これらを詳らかにする方法と原理が『国家衛生原理』に他ならない。

後藤がそう考えたのは他でもない、統治開始時点の台湾の衛生状況がまことに劣悪なものだったからである。後藤の知遇を得て、その後、台湾の衛生事業のことごとくに関わる衛生工学技士・浜野弥四郎の報告書『台湾水道誌』によれば、当時の台湾の衛生状況は次のごときものであった。ペスト、マラリア、アメーバ赤痢、ジストマなどがほとんど不可避だったという。浜野のリアリズムを感得できるよう、あえてやや難解な原文を引用しておこう。

本島は過去に於て実に蠻烟瘴霧(ばんえんしょうむ)の郷と呼ばれ住民亦衛生保健の観念に疎(うと)く其知識は浅薄にして甚だ非衛生の生活を続け来たり。糞便汚物到る所に拡散し汚水は街上に潴溜(ちょりゅう)し飲用水井戸の如きも悪液汚水の漫(みだ)りに侵入し溷濁(こんだく)異臭を発散するも毫(ごう)も顧慮すること無く平然として之を使用せり。又斯如(かくのごとく)不完全なる井戸の設備をも有せざる地方住民の大部分は其付近を漫流する河川水を何等の浄水作用をも施さず其儘勝手に引水し又は担ひ来たりて直に飲用し汚穢物の

流下泥土流入等の事屢々ありて其不潔言語に絶するものありしなり

台湾島は毒気を含んだ空気漂う地であるが、住民は衛生保健の観念に疎い。知識は浅薄でありきわめて非衛生的な生活をつづけてきた。糞便や汚物がいたるところに散乱し、汚水が街の道路のうえに溜まり、飲用水のための井戸などもひどい悪液汚水がつねに侵入して混濁、異臭を放っている。しかし顧みる者なく、人々は平気でこれを用いている。またこのような不完全な井戸の設備さえない地方住民の大部分は、付近の河川水をまったく浄化することなく勝手に引水したり、桶に担いで帰り、そのまま飲用している。汚穢物が流れくだり、泥や土が混じっていることもしばしばである。その不潔には言語を絶するものがある。

浜野弥四郎、衛生工学の道へ

内務省衛生局の「お雇い外国人」技師として来日、その後、東京帝国大学工科大学で衛生工学の講座を担当していた人物がスコットランド人のウィリアム・バルトンである。このバルトンを師と仰ぎ、氏に同行して台湾に赴くことになる人物が浜野弥四郎である。浜野は明治二十九年（一八九六）より大正八年（一九一九）までの二三年にわたり台湾の上下水道の設計・建設に献身した。バルトンが「瘴癘」により明治三十二年（一八九九）に没した後は、浜野はひとりひたすらなる努力を傾けて台湾の衛生環境の改善のために尽力した。その成果の全貌は、これも『台湾水道誌』によれば、次のようなものだったという。

〝給水計画によって裨益（ひえき）された住民の数は、給水人口三二万人の台北、一五万人の高雄、一〇万人の基隆、台南、五万人の台中、嘉義、四万人の彰化、屏東などである。大都市はもとより一万人から三万人未満の地域に二一の水道、三〇〇〇人から一万人の地域に二五の水道、三〇〇〇人未満の地域に六〇の水道を建設、総計で一一三ヵ所にのぼる水道を完成した〟

浜野はさらにいう。

給水計画人口一三六万人を算し、一日最大計画給水量二一万立方米を超へ各種諸設備の拡充と相俟つて島民衛生状態の向上に資し曽てチフス、マラリア、アメーバ赤痢、ジストマ等悪疫流行に悩まされたる都市邑落（ゆうらく）も今や往時の惨害全く其影を留めざるに至れり

バルトンは、明治二十年（一八八七）五月に来日、九月より東京帝国大学工科大学での授業を開始した。バルトンの来日の前年、明治十九年には日本でコレラが大流行、罹患者数は約一六万人、死者は約一一万人に及んだ。明治時代を通じてのコレラによる死者は総数三七万人を超え、その数は日清・日露戦争の犠牲者総数を上回るほどであった。人口の集中する都市、とりわけ東京での事態は深刻をきわめ、水道工学の先進国・イギリスの技術者の招請が待ったなしの課題となり、バルトンの来日となった。

浜野弥四郎は明治二十六年九月に工科大学土木工学科に入学。バルトンを師として水道工学の道に入った。この頃、バルトンは東京市の水道顧問を委嘱され、玉川上水を水源とする淀橋浄水場という空前の水道工事に従事していた。浜野はこの事業の完遂に向けて邁進するバルトンの背中をみつめ、この道に生涯を賭す決意を固めた。

後藤の『国家衛生原理』を台湾の地で実現した最初にして最大の功績者が、バルトンと浜野である。

図5－1　和服姿で寛ぐウィリアム・バルトン

相馬事件後、内務省衛生局長を辞し、浪々の身をかこっていた後藤は日清戦争後の児玉による免疫事業に携わり、その実力を認められ衛生局長に復した。後藤は台湾総督府衛生顧問をも務め、台湾の衛生事業に関心を強めていた。何より『国家衛生原理』の実現の場が欲しかった。後藤は台湾の衛生事業を担う指導者はおらぬか、終始、目を凝らしていた。

バルトンの工科大学での学生指導が大変に優れており、その教え子に浜野弥四郎という、バルトンとなら地獄の底までついていこうという忠実な弟子がいることを後藤は伝え聞いた。

本郷の旧加賀屋敷の一隅に住まうバルトンの家に後藤は向かう。

*

中央衛生会は明治十二年（一八七九）のコレラ流行時、その対策のために設置された、内務省衛生局長をも含む当時の日本の衛生事業のヘッドクォーターであった。この中央衛生会が衛生工学技師を台湾に派遣すべきことを、第二次伊藤内閣の内務大臣・野村靖に建議、後藤は野村の意を受けてバルトンのところを訪れた。

後藤が師のごとく敬愛する衛生局初代局長の長与専斎がいう。

「後藤君、台湾に赴任させるのならバルトン君がいい。彼ほどの技倆（ぎりょう）と熱意をもっている者は日本には他にいませんよ」

そういわれて以来、バルトンのことを後藤は強く意識するようになった。バルトン宅を訪れる頃には、バルトンが応じてくれるのなら、もうそれで決定だと考えるまでになっていた。バルトンも領有以来の台湾がいかに深く「瘴癘」に苦しめられているか、その惨状についてすでによく理解していた。それに、弟子の浜野が台湾に強い関心をもっている。このこともバルトンの台湾赴任の決意を促す要因となった。

「後藤さん、浜野君を口説いてくれませんか。浜野君が同行してくれるなら、私は妻子ともども台湾にまいります」

後藤はバルトンのこの物言いに驚かされた。まるで逡巡するところがない。天職を命じられたかのごとくだった。

〝義に死すとも不義には生きず〟

とは会津藩士の言である。後藤はこれを武士道に固有の日本人のものだと考えていたが、〝いや異国にも武士はいるのか〟と深い感銘を受けた。そうか、スコットランドといえば、イングランドによる圧政に抗して闘いつづけてきた国だ、スコットランドの武人にも日本の武士と同じ心根が育っているのか。

後藤は衛生局長室に浜野を呼ぶ。用件をすでに伝えられていた浜野は、自分のほうから切り出す。

「私を台湾にいかせてください。バルトン先生がいくというからには、私がいかないという選択肢はあり得ません。台湾に骨を埋める、そういう覚悟で赴任します」

〝あの師にしてこの子ありか、この世も捨てたもんじゃない、ああいうやつらがいるんだ〟

浜野を見送って後藤はつぶやく。

バルトンと浜野は第二代台湾総督の命が下っていた桂太郎から、面会したい旨の連絡を受けた。

「台湾への出発は八月初旬だと聞いております。台湾統治の成否は衛生事業の成否にかかっています。衛生事業は総督府の最も重要な仕事です。バルトン先生、浜野君、頼れるのはあなたたちだけです」

二人は、風貌は穏やかだがその中に威厳を漂わせるこの軍人をみつめるばかりだった。

バルトンと浜野が基隆に到着したのは、明治二十九年(一八九六)八月五日。バルトンの職名は総督府衛生工事顧問技師委嘱、浜野は民生局技師である。

〝これが人間の住まうところか〟

何という蒸し暑さか。港から基隆駅に向かう。蚊が唸っている。下水のひどい悪臭が鼻をつく。家々の周りには塵芥(じんかい)や汚物が積みあげられている。どの家にも便所はない。桶に入れた糞尿を家の周辺に放り投げているようだ。風呂などない。

基隆は周辺を大小の山々に囲まれ、市街地に流れ込む川の勾配は急である。流域は狭く雨水はあっという間に川から外へと流れ出す。適所に貯水池を造成し、水をコントロールしてこれを市街地に流すしか方法はなさそうだ。着いたばかりだが、二人はもうそんな構想を頭にめぐらせていた。

基隆の駅舎で鉄道に乗り、台北をめざす。縦貫鉄道の建設前だった。急勾配のところにくると客車は停止、乗客が客車の後ろから力いっぱいこれを押しあげるという代物だった。どうにか台北に着いた。吏員の出迎えを受け、総督府に向かう。

民政局長の水野遵が玄関で迎えた。桂総督は不在だった。水野は全権を委譲されていた。水野はいう。

「東京を発つ前に総督からお聞きになったと思いますが、目下の台湾統治に欠かすことができないものが水道建設です。お着きになったばかりですが、お二人にはどういう水道計画が台北、基隆、台中などで必要か、大変でしょうが調べあげていただきたい。何しろ台湾の領有も始まったばかりで、都市の人口がどのくらいかさえまだわかっていないのです。地形図はありません。測量にはまだ手がつけられていません。降雨量や河川の流量も不分明、洪水記録さえないという状態なんですよ」

全権を握る水野らしくもない愚痴だった。

バルトンと浜野は、総督府が用意した官舎に居を定めた。もう次の日から台北の様子を観察しなければと、ひたすら歩いて手にもつノートに気づいたことのすべてを書き込んでいった。

台北は三つの地域からなりたっている。一つは大稲埕、もう一つが艋舺、それに総督府などの役所が集中し周辺を城壁に囲まれた城内である。大稲埕は泉州からの移住民、艋舺は漳州からの移住民が多い。二人は艋舺に足を踏み入れて息をのむ。

〝これが人間の住まうところか〟
生ける屍のように痩せさらばえ蠢く人々を目で追い、悪臭に反吐をこぼしながら、城内にもどる。
明治二十九年（一八九六）九月四日付の「衛生工事調査報告書」にはこう記した。

艋舺ノ如キハ衛生工学上ヨリ論ズルトキハ最モ劣等ノ市街地ニシテ同地ノ住民ニ付テハ最モ憐ムベキモノアリ。住民ニ関スル感情ハ暫ク措クトスルモ虎列刺其他諸種ノ伝染病ノ発生スルコトハ同地ノ実況ニ徴シテ毫モ疑ナキノミナラズ。斯ノ如キ不潔ナル土地ヨリシテ他ヘ伝播スルコトモ亦明カナル事実ナリトス

艋舺のごときは、衛生工学の観点からいえば最も劣悪な市街地であり、その住民ほど憐れむべき者はいない。住民についての感情は別にして、コレラをはじめ各種の伝染病がここから発生することは現地の実情をみればまったく疑いのないことであり、この不潔なところから他の地域に病が伝播することは明らかである。

到着後間もないが、寝る間も惜しんで台北と基隆の街を観察しつづけた。三角測量機と巻尺を手に、ある時には測量、ある時には河川の水量や水位を観察しながら知見を蓄えた。「衛生工事

調査報告書」は水野民政長官に提出された台北と基隆についての報告書である。台北内の艋舺は手の施しようがない。取り壊して再建するより他に方法はないのか。

図5－2　台北水道水源地浄水場絵葉書（昭和初期の撮影）

若シ台北市ヲ健康無病ノ地ト為サント欲セバ艋舺ヲ現時ノ侭存塁スルニ於テハ到底之ヲ為スコトヲ得ザルベシ。而シテ艋舺ヲ改良セントスルコトハ最モ至難ノ事業ナラン。今茲ニ述ベント欲スル箇条ノ至際至難ノ事ナリ（中略）台北市ヲ健康地ニ為サントスルニ付テハ宜シク艋舺ノ全部ノ取毀シ以テ最近進歩セル昕ノ衛生学上ヨリ艋舺ヲ改良スル策ノ外好案ナシト信ズ

台北を健康で無病の地とするには、艋舺をこのままの状態に放置しておいては到底無理である。しかし艋舺の改良は至難の事業である。ここに必要事項をいくつか述べるが、いずれも至難の仕事である。台北市を健康の地にしようとするならば、艋舺のすべてを取り壊し、最新の衛生学の観点に立ってここを再建するより他に方法はない。

鑽井（さんせい）とは、降雨量の不足を補うために比較的深く掘られた井戸のことだが、この鑽井と浅井戸の適所をあたうる限りみつけだし、必要な給水量を確保することがまずは必要だとバルトンと浜野は提案した。

艋舺を除く台北と基隆については、計測数値をもとに取水口、貯水池、給水路から排出路までを地図に細々と書き入れた。水野はこの計画にしたがって、まだ都市計画などといえるものではなかったものの、ともかくも台北の水供給設備の建設工事に入った。

バルトンと浜野はその後、台中に向かう。台中には水源として利用できる河川が市街を流れ、市街地の勾配も台北や基隆に比べれば穏やかである。計画は比較的容易であった。

バルトンと浜野が「衛生工事調査報告書」を書きあげて水野に手渡したのが明治二十九年九月だった。その翌月には桂総督にかわり第三代総督として乃木希典が着任した。生粋のこの軍人は、「三段警備」という独自の兵法をもって跳梁する土匪の制圧の命を受けて赴任した。使命をまっとうするまでは帰任しないと決して、家族を引き連れての着任だった。

しかし、蔓延する「瘴癘」に勝つことは、いかな乃木とて不可能だった。乃木とともに台湾にやってきた母堂の寿子がマラリアに罹患、あっという間に死去した。このことが総督府を震撼させ、台湾の衛生事業は差し迫った課題となった。

乃木も母の死を契機に、バルトンと浜野による衛生事業が台湾にとっていかに重要なものかに目を開かされ、二人を総督府に呼んで労をねぎらった。あの凛たる武人の招きに、二人は自分たちの仕事が国家の大事であることを改めて悟らされた。

三段警備が実効をあげられず、乃木は失意の中で台湾を去った。第四代総督となったのが児玉源太郎であり、民政長官として後藤新平を同道しての着任だった。

「バルトン氏、八月五日永眠ス」

後藤の着任を誰よりも心強く思ったのは、バルトンと浜野である。総督府を訪れ後藤に面会を乞う。後藤も着任したらまず会おうと考えていたのがこの二人だった。後藤のほうから総督府官舎にバルトンを訪ねてくれた。ちょうど浜野もきていた。あまり愛想のよくない後藤だが、この日は久方ぶりにバルトンの顔をみて嬉しそうだった。

「例の調査報告書は読ませてもらったよ。上下水道計画と市区改正計画、この二つは台湾の将来を決する課題だね。改正計画のほうは私がやる。上下水道はバルトン先生と浜野君に任せるより他ない。予算は私が何とかする。遠慮せずに伝えてくれよ。議会があるからそう簡単じゃないがね。忙しいから今日はここで帰るが、是非とも頑張ってくれたまえ」

ものの一〇分ほどだった。後藤は待たせてある公用車ですぐに消えてしまった。二人は何も語りかけなかったが、後藤が調査報告書を読んでくれたことを知ってうれしかった。

梅雨が終わった炎天のある日、二人は淡水川の上流に水源を求めて動き出した。淡水川の三大支流の一つの新店渓を遡って急峻な山道を歩いた。土匪が跋扈しているから注意せよ、という知人の警告に少々怯えてもいた。

心なしかバルトンの顔が青ざめているように浜野には感じられた。

「少し、寒いかな」

「この暑さですよ。寒いなんて」

「いや、寒気がする」

バルトン、ひょっとしてマラリアにやられたのではないかと浜野は直感した。そういえば新店渓ではずいぶんたくさんの蚊が唸っていたな。あの中にマラリア蚊が潜んでいたのかもしれない。注意が足りなかったか。

「先生、今日はともかくも帰りましょう」

もう背負うしかない。台北まではかなりの道のりだが、浜野はバルトンを背中に縛りつけて麓まで下り、そこで出会った一人の農夫にいくばくかの金を与え担架を用意させ、農夫と浜野が担い手となって台北の官舎まで運び込んだ。昼に新店渓を発ったのだが、官舎に着いたのは深更だった。

バルトンは顔と首筋に冷や汗を流し、口をきかない。呼びかけても反応がない。意識が混濁しているようだ。しかし、この夜更けだ。医者を呼ぶこともできない。浜野はバルトンの妻の満津と夜通しの看病だった。

夜が明けるのをじりじり待って総督府の病院に運び込んだ。マラリアだと医師はいう。

「マラリアには潜伏期があります。その後、発熱発作を周期的に繰り返しながら衰弱していくのが特徴です。バルトン先生は新店渓でマラリアにやられたわけじゃない。二週間くらい前の罹患でしょうね」

浜野は、安心したような不安なような妙な気分だった。これで死んでしまうんじゃないことだけは確かか。バルトンは小康を得て回復、再び水道計画の立案に向け精力を注ぎ込むまでになった。水道計画が進展し、下水整備計画も開始されようとしていた。

しかし、さすがのバルトンも病を得てから、少々弱気になっていた。このあたりで一区切りつけたいという気分にもなったらしい。スコットランドに帰りたい、望郷の思いが急に吹き出す。バルトンはそんな気分を浜野に伝え、これが後藤の耳にも入る。あれだけの実績をあげたのだから、少しは休ませたほうが後々のバルトンのためにいい。後藤もそう考えた。

バルトンは、東京を経てスコットランドに帰国する旅支度に取りかかった。妻の満津、娘の多満の三人が基隆を発ったのは七月下旬だった。

浜野のところに電報が届く。

「バルトン氏、八月五日永眠ス」

浜野はいてもたってもいられなかった。マラリアを克服して元気を取り戻し上京したのに、人間、そんなに呆気なく死んでしまうものか。そうか、やっぱりマラリアがその後もバルトンの体を蝕み、肝臓を冒していたのか。肝膿瘍だろうな。苦しかったにちがいない。あれほどの義の化身のような人物に、天は何という酷い仕打ちをするものかと浜野は呪った。

悔悛の思いを振り払い浜野は改めて決意する。バルトンの死に報いるにはバルトンの意に沿う衛生事業を完遂する以外にはない。悲しみに打ちひしがれている余裕など今の自分にはない。そう思いを定めて浜野は事業を次々とこなしていった。先に記した『台湾水道誌』に指摘される大小さまざまな給水プロジェクト群である。

同誌は、浜野が二三年の歳月をかけて完成させた諸事業を振り返り、台湾を去るに際してその細目を整理した「事業大鑑」のごとき記録である。同誌の冒頭、浜野はバルトンについて次のように記す。

顧問技師バルトン氏は台北水道水源探査に苦心せられ其新店渓上流の踏査に当りては炎暑淫(いん)

雨（う）を顧みず蓄山深渓を跋渉（ばっしょう）して好適水源の発見に努力せられしも不幸中途にして風土病に犯さるゝに至り遂に明治三十二年八月五日忽焉（こつえん）として客地に長逝せらる。実に衛生工事計画の為最先最大の犠牲者たらずんばあらず。然れども本島衛生工事施設の基礎は当時既に同氏に依りて確立せられ、現今に至る迄其計画を継承し以て之を全島各地に施行しつつあるを見れば氏も亦以て瞑するものあらんか

顧問技師バルトン氏は、台北水道の水源調査に苦心され、新店渓上流の踏査ではひどい暑さと長雨の中、未踏の山々と渓谷にわけ入り、好適な水源の発見に努めたものの、不幸にも中途にして風土病に侵され、ついに明治三十二年八月五日、突然のように逝去されてしまった。衛生工学の最先端を歩んだ、最も惜しむべき人物だったというべきである。しかしながら、本島衛生工事施設の基礎は往時バルトン氏によりすでに確立されており、現在にいたるまでその計画が継承され、全島各地で施工されている。このことを顧みるならば、バルトン氏もまた静かに瞑目をつづけてもいいのではないか。

自分のやり遂げた事業はすべてバルトンにより計画されたものだ、自分はそれにしたがって手を染めたに過ぎないといって、師を追慕した哀切の一文である。

浜野の在台中、浜野の指導を仰いで集った技術者は少なくない。その中に嘉南平原での治山治

水事業に大いなる実績を残した八田与一がいる。二年に満たない期間だったが、八田は浜野の指導のもとで台南浄水場の建設現場で働いた。この浄水場の建設は浜野の台湾における最後の仕事だった。

八田は、浜野の指導により台南上水道の水源を曽文渓に求めて綿密な探索に乗りだし、水量、導水量、水質を調べ、曽文渓から導水する水源地区ならびに上水道地区を選定。水量、導水、送水、配水など水利建設に関わるほとんどすべての項目の計測に精魂を傾けた。曽文渓探索の過程で、八田はこの河川の水を華南平原に供給することができれば、という着想を得た。台南水道建設の過程で得た知見がなければ、嘉南大圳（たいしゅう）というう世紀のプロジェクトが後に建設されることはなかったであろう。

阿里山に発する曽文渓の水系に烏山頭という場所がある。八田はここにダムを造り、貯めた水を平原に流そうという構想を立て、なお不足する水量を増すために烏山嶺にトンネルを掘削し曽文渓の水をダムに引き入れた。ダムから放たれた水は荒涼たる平原を緑の絨毯へと変じた。そうして台湾と日本の米不足の解消に大いなる貢献をなしたのである。

第六章　開発資金をいかに捻出するか

錯綜の土地関係

〝何という乱脈か〟

〝これが台湾の土地制度か。いやいや制度などとは到底いえない〟

〝権力者が入り乱れて力を競い合い、土地を意のままに支配している。土地調査を徹底して所有権を確定し、地税徴収の基礎を築かずして台湾統治がうまくいくはずがない〟

アヘン漸禁策、土匪招降策のほうは、とにもかくにも方向性を見出している。次の課題として後藤が向かうのは台湾の「開発」である。しかし、この島の不分明な土地賦存状況、所有関係、徴税基盤を現状のままにして、開発に手を染めることなどできない。難業だが、立ち向かわないわけにはいかない。

台湾の土地関係とはそもそもどういうものなのか。後藤よりはやく第二代総督の桂太郎の時代に総督府民政局に赴任していた人物に中村是公(なかむらぜこう)がいる。後藤は中村をはじめ、台湾の土地制度に多少とも知識をもつ者を集めては事情の説明を繰り返し求めた。次第にわかってきたことは、次のような錯雑たる状況だった。

豪族がいる。諸侯のような大小の権力者である。彼らは「墾首」と呼ばれていた。福建や広東から移住してきた人々が、台湾海峡沿いの平地に住まう先住民「生蕃」を山間地に放逐し、平地を占有。しかし、移住民とて一枚岩ではない。泉州人、漳州人、客家など原籍を異にする集団は「族群」と呼ばれる。

族群が相互に絶えずいがみ合う。闘争のために、それぞれの族群を総帥する権力者を擁立する。この権力者が墾首である。墾首は力量に応じて大小さまざまな田畑を囲い込んだ。清朝の官吏は墾首に地租を支払わせ、これを「正税」として受け取った。

しかし、時の経過とともに、権力の座にある豪族が権益に甘えて権力を薄くしていった。実際の耕作者は「墾戸」といわれた。彼らが施肥などの工夫により生産性の向上に努め、次第に力を強めた。墾戸は地租を墾首に支払いながらも、土地所有権をもつようになり次第に自立していった。往時の台湾では同一の土地に対して、墾首と墾戸との二重所有制が一般化していた。

後藤が台湾に赴任した頃には、墾首は「大祖戸」、墾戸は「小祖戸」と称されていた。小祖戸の下には多数の小作人が存在する。大祖戸は小祖戸から「大祖」を、小祖戸は小作人から「小祖」といわれる小作料を徴収していた。大祖であれ小祖であれ小作料であれ、相互の力関係により、また地域によって均一ではなかった。

大祖戸の土地所有権は形骸化し、土地の使用権、次いで所有権が小祖戸に移行していった。大祖戸は小祖戸から大祖を受け取り、この大祖を政府に受け渡すだけの名目的なものへと変じた。

所有権といったが、大祖戸にせよ小祖戸にせよ、どのような、またどれくらいの面積の土地を所有しているのかが判然としない。「隠田」といわれるものまでが相当にある。隠田というがごとくである。所有者の在り処がそもそもわからない。清朝が「化外の地」台湾の土地調査にまるで関心がなかったからである。

清朝政府は、明治七年(一八七四)の日本軍の台湾出兵により台湾の価値に改めて覚醒させられた。そうして初代巡撫として劉銘伝を派した。劉の企図によりようやく台湾島の土地測量がなされ、徴税基盤が整うかにみえた。しかし、隠田が暴かれることを恐れる豪族の反抗、時に従兵を引き連れての暴動を惹起、劉の企図はわずかな成果を残したのみ。病を得て大陸に帰り、間もなく没した。

後藤は聞きしに勝る複雑で面妖な状況に困惑させられた。しかし、それはそれで致し方ない。事実の徹底的調査、土地所有権確定のうえで徴税基盤を整備する以外に道なしと決した。難題を前にした時の後藤は実に生き生きとする。

後藤の果断を後押ししたのは児玉総督である。明治三十一年七月には「台湾地籍規則」ならびに「土地調査規則」を公布した。同年九月には土地調査実施の最前線に総督府臨時台湾土地調査局を設置。膨大な財政資金と人力が必要となる。公債に頼るしかあるまい。南北縦貫鉄道ならびに基隆築港の資金確保のためにも公債発行が不可欠であった。明治三十二年には難渋をきわめていた「台湾事業公債法」の成立をみた。事業公債については後述しよう。

竹越与三郎

「台湾地籍規則」の眼目は土地台帳の作成である。土地については台帳がなければ話にならない。土地台帳作成のためには土地所有者に土地状況を申告させ、地目、測量を施し、境界を設定することから始めねばならない。土地調査局による全島の土地調査ならびに所有権の確定作業が開始された。調査はいかにも精細であった。竹越与三郎『台湾統治志』にそのことをうかがわせる記述がある。

＊

竹越は総督府の土地調査局を訪れた。調査局の門を入ろうとしたところ、ある台湾人が妻を引き連れて総督府の吏員にけたたましい口調で何かを訴えている。何を訴えているのかは竹越にはわからない。非常に切迫した口調だった。取っ組み合いの喧嘩でも始まるのかとさえ思わされた。

玄関で待ち構えていた後藤にことの次第を告げると、後藤はいう。

「土地や田畑のことになると、みんな自分の権利が侵されないよう、少しでも自分に有利となるようにと、あんなふうになるんだよ」

後藤は玄関脇の応接室のソファーに竹越を座らせ、土地調査局次長の中村是公を呼ぶ。後藤と中村は連れ立って竹越を土地調査局の倉庫の一室に招き入れた。調査の細目を克明に書き込んだ地図の綴じが、倉庫の棚に数段きれいにならべられている。

「竹越さん、ご覧になりたい地図がおありでしょうか。どこでもいいですから、ご存じの地名をいってくれませんか」

「そういわれてもですねえ。じゃ、試みにこのあたりの村落はどうでしょうかね」

竹越は自分の手にもつ台湾全図の地図を開き、新竹州の一村落のところにあてずっぽうに指を

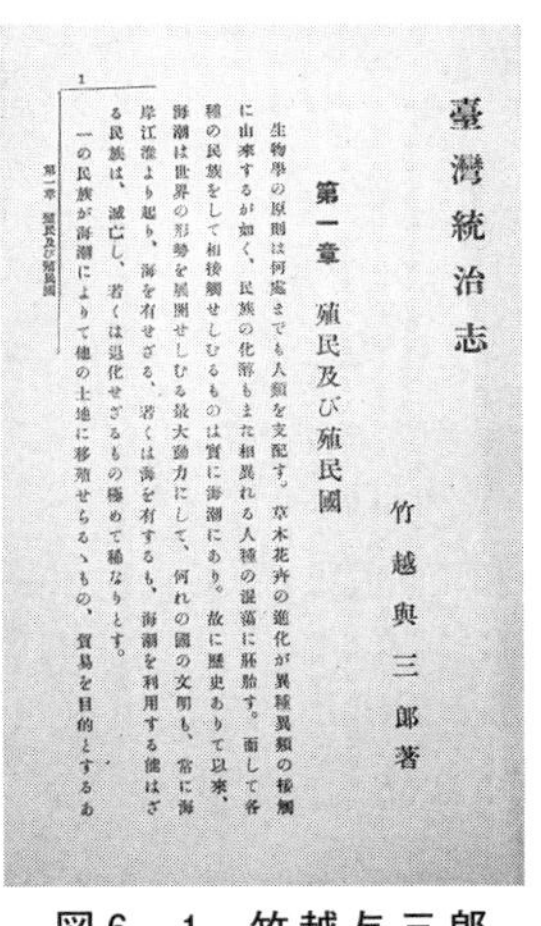
臺灣統治志

竹越與三郎著

第一章　殖民及び殖民國

生物學の原則は何處までも人類を支配す。草木花卉の進化が異種異類の接觸に由來するが如く、民族の化醇もまた相異れる人種の混淆に胚胎す。而して各種の民族をして相接觸せしむるものは實に海潮にあり。故に歷史ありて以來、海潮は世界の形勢を展開せしむる最大勢力にして、何れの國の文明も、常に海岸江濱より起り、海を有せざる、若くは海を有するも、海潮を利用する能はざる民族は、滅亡し、若くは退化せざるもの極めて稀なりとす。

一の民族が海潮によりて他の土地に移殖せらるゝもの、貿易を目的とするあ

1　第一章　殖民及び殖民國

図6－1　竹越与三郎（国立国会図書館蔵）**と『台湾統治志』の本文冒頭**（国文学研究資料館蔵）

あてる。

中村は目録の中から新竹州篇を取り出して索引、その村落の地図に行き着き、六〇〇〇分の一に縮小された測量図を机上に開く。竹越は陸軍参謀本部でみせられた地図は二〇万分の一だったことを思い返し、細大漏らさぬその克明さに驚く。

三角測量により測られた居住地、田畑、丘陵、山地、河川などのありようが鮮やかに書き込まれているではないか。それじゃ、この村落を含む群の全体はどうなっているかと問えば、今度は二万分の一の地図を開いてみせる。村落の大小が一目でわかる。

竹越は、感動のあまりであろうが、こう記している。

明治七年の地租改正の如きは、真に児戯に類するの感あるを免れず

住民に「戸籍」があるように土地にも「地籍」がある。所有者、地番、地目、境界の位置や形状や面積が測量によって定められたものが地籍である。地番とは登記によって付された番号、地目とは用途による分類のことである。

土地調査開始以前の台湾においては、この地籍がきわめて曖昧だった。豪族が入り乱れて土地を奪い合う一方、土地を管理する政府自体が存在しないも同然だったからである。

若年の指揮官　中村是公

後藤は土地調査事業に打って出た。総督府の吏員を前に後藤は決意を次のように演説した。

〝この調査事業に関わっている者は土地調査局の人間ばかりではありません。総督府吏員の全員です。私どもは本土の日本では想像もできないような難局に直面しています。暑気が酷いことはもちろん、住居の不便さも並大抵ではありません。言葉もうまく通じません。不快、不便ゆえに不平や不満が溜まるのも無理のないことです。しかし、台湾総督府に職を得た以上、諸兄は土地調査事業から逃れることはできない。総督府勤務の命を受けた諸兄の額には、職務遂行の烙印が押されているのです〟

さらにつづく。

〝覚悟がないのであれば、明日にでもいい、総督府を去ってもらってかまいません。総督府の役人は、本土の役人に比べて格段に高い技能や技術を使いこなす力を発揮しなければならない。本土の役人からは、台湾総督府の役人は老人ホームの住人のようにいわれています。私のみるところ、確かにそういう者もいないわけではないが、諸兄、ここは私とともにこの土地調査事業に関わることになったのです。台湾の役人が老人ホームで養われている者ではまったくないことを、事業の完遂によって証明しようではありませんか〟

台湾全島にわたる土地調査事業が開始された。後藤が臨時台湾土地調査局局長となり、局次長には若年の総督府事務官の中から中村是公を抜擢した。仕事のすべては中村に託された。中村は八百余人の総督府役人を数十班に編成。各班は三角測量器を手に全島に散らばっていった。地方官僚や現地住民から選りすぐられた者を含めると、調査完成までの七年間における動員総数は延べ一四七万人に及んだと記録される。

中村は第一高等学校を経て東京帝国大学法科大学卒業後、大蔵省入省、秋田県収税長として二年間勤務、この間に時の大蔵次官の田尻稲次郎の信頼を得て台湾総督府赴任を薦められた。フロンティアで新たな活路を開きたいと考える中村はこれに応じた。

後藤新平の初の訪台は、桂太郎が第二代総督として台湾に赴いた時のことだった。後藤は内務省衛生局勤務のかたわら、総督府衛生顧問に任じられていた。短い期間ではあったが、後藤は台湾の事情についてあたう限り見聞を広めた。

中村が後藤の姿をみたのはこの時が初めてだった。

「これが、あの後藤新平か」

中村は後藤を仰ぎみるだけだった。後藤のほうは、若輩で無名の中村のことなど知る由もない。

中村は後に祝辰巳（いわいたつみ）、宮尾舜治と並んで「後藤の三羽烏」といわれる智謀的存在となっていく。

好評既刊

101

ポストモダンの「近代」

——米中「新冷戦」を読み解く

田中明彦　政策研究大学院大学学長

中国の台頭は次の戦争を招くのか。「新しい中世」から二〇年。新たな代表作の誕生

110101-3 ●1500円

102

建国神話の社会史

——史実と虚偽の境界

古川隆久　日本大学教授

明治政府が神話を「歴史的事実」とした時、教室の内外で何が起きたか。各紙誌絶賛

110102-0 ●1400円

103

新版 戦時下の経済学者

——経済学と総力戦

牧野邦昭　摂南大学准教授

経済学者は各国の抗戦力をどう判断し、どんな役割を果たしたのか。石橋湛山賞受賞

110103-7 ●1400円

104

天皇退位　何が論じられたのか

——おことばから大嘗祭まで

御厨　貴　編著　東京大学名誉教授

東浩紀から渡部昇一まで46の読むべき議論

110104-4 ●2000円

105

〈嘘〉の政治史

——生真面目な社会の不真面目な政治

五百旗頭　薫　東京大学教授

横着な嘘と必死の嘘。世界中に嘘が横行する今、日本の近現代の経験は教訓となる

110105-1 ●1500円

106

神道の中世

——伊勢神宮・吉田神道・中世日本紀

伊藤　聡　茨城大学教授

神道の成立には様々な中世文化が密接に影響している。最新の研究成果から読み解く

110106-8 ●1500円

大租戸、小租戸との土地配分が重要な課題だったが、「隠田」の問題もある。先にも記したが、大租戸の土地所有権は小租戸に移譲されつつあった。現状を確定するためには、もちろん法律が必要である。児玉・後藤は思いを定めて「大租権整理ニ関スル件」を「律令第六号」として公布した。第一条、第二条、第三条はこうであった。

第一条　明治三十六年律令第九号ニ依リ確定シタル大租権ハ消滅ス
第二条　政府ハ前条ニ依リ消滅シタル大租権ニ対シ大租権者又ハ其相続人ニ補償金ヲ交付ス
第三条　補償金ハ台湾事業公債法ニ依リ発行スル公債証書ヲ以テ之ヲ交付ス

大租戸の土地所有権、つまり「大租権」の消滅である。大租権の買い上げのための補償金の財源は台湾事業公債をもってあてることが法令化された。

公債をもって大租権の代価約三七八万円、額面約四〇八万円が総督府によって買収され、総督府の公有となった。かつては約三七万甲とされていた土地面積は六三万甲となり、これにより地租は約八七万円から実に二九八万円へと増加した。甲は一ヘクタールに相当する。圧倒的な成果だった。

竹越は、日本の地租改正などは台湾の土地調査事業に比べれば「児戯」に等しいと述べたが、その後に次のように書いている。

是れ実に台湾に於ては、社会的の一革命と云はざるべからず。然れども多くの革命は犠牲を要すれども、此革命は何物をも犠牲とせざるのみ

事業公債でやるより他ない

大租戸の土地所有権の買い上げを公債発行でまかなう。後藤がこのアイデアを生み出し、児玉に提起した。児玉はただちに応じた。公債とは、将来における元本・利子を租税収入により返済する、そういう条件でなされる中央政府からの資金調達のための債券の発行、つまりは国からの借金のことである。土地調査事業の費用や大租戸への補償金の支払いが急を要していた。

もちろん児玉・後藤はさらにそのうえをみつめていた。南北縦貫鉄道や基隆築港という大事業がある。土地調査事業、南北縦貫鉄道、基隆築港は台湾の「三大事業」と呼ばれていた。公債なくしてこの事業は動きようがない。

だが、日清戦争に巨費を投じて蕩尽(とうじん)する本土政府からの借入が果たして可能か。

〝そんなことできるはずがない〟

これが本土政府や議会の本音だった。このことは児玉も後藤もよく知っていた。だからこその

決断だった。児玉は後藤にいう。

「こいつは、もうひとたびの戦争だよ」

何としてでも三大事業を成功させねばならない。これに成功すれば台湾は必ず自立できる。自立すれば、台湾には本土の大資本が製糖、米、茶、樟脳の利を求めて進出するにちがいない。元本・利子の返済は多少の時間をかければ必ず実行できる。児玉は本土政府との交渉に勝負をかけた。

台湾領有の時点では、台湾内の租税によってまかなわれる総督府収入は歳出の三割のみだった。残りの七割は本土政府からの補助金に依存しなければならない。「台湾売却論」が本土の政府や議会で話題を呼んだのは無理もなかった。しかし、児玉は怯(ひる)むことはなかった。

日清戦争後の日本は緊縮財政の只中にあった。後藤が台湾に赴任した明治三十一年（一八九八）には、本土政府からの補助金が三〇〇万円へと半減を余儀なくされた。児玉は後藤に何度もいう。

「三〇〇万円でいいじゃないか。が、その分、事業公債のほうは絶対に譲れない。後藤君、君は、君の進退をこれに賭けてくれ。もしだめだったら、君のメシくらい俺が食わせる」

後藤は総督府の自室にもどって熟慮を重ねる。

〝返済できりゃいいんだ。返済計画をひねりだそうじゃないか〟

後藤は計画を練りに練った。その成果が、後に朝野を沸かせる「六〇〇〇〇万円事業公債」である。

後藤は、「三大事業」などの台湾開発経費は一億二〇〇〇万円くらいだろうと当初は踏んでいた。とはいうものの、本土政府の意向からすれば、いくらなんでもそうはいくまい。ならばその半分の六〇〇〇万円でいくしかない。後藤の「大風呂敷」だった。

計画の細目策定を「三羽烏」の一人、祝辰巳にあたらせた。

「この計画は児玉閣下からの命令なんだよ。一週間以内に私は計画を総督に提出しなければならん。無理を承知でいっている。しかし、やらねばならんことは、やらねばならない。助力を頼む」

祝は不眠不休で計画作成に没頭した。作成された書類は後藤の承認を得て児玉に渡された。児玉はこれをさっとみただけだった。

「後藤君、これで本土と掛け合ってくれ」

はやくも翌朝、後藤は台北で鉄道に乗り、基隆港に降り立ち、上京の船旅にでた。台湾北方にモンスーンが迫り出す蒸し暑い日だった。

上京するや「六〇〇〇万円事業公債」は後藤の「大風呂敷」だという風評がすでに広がっていた。後藤は「燕雀(えんじゃく)安(いずく)んぞ鴻鵠(こうこく)の志を知らんや」と心中でつぶやきながら、ことを進めた。

成算はある。時の内閣は大隈重信を首班とする憲政党が握っていた。蔵相は松田正久である。大隈は桂と同様「南進論」を持論とする人物だ。華南部、特に福建を日本の商圏ならびに防衛上の要衝と見定めていた。この人物を首班として仰いでいる。後藤の頼みの綱だった。蔵相の松田も台湾開発の重要性には気づいていた。松田は後藤の説得に耳を傾けてくれた。大隈も六〇〇〇万円事業公債に賛意を示した。

揺らぐ後藤

直後、大隈内閣は倒れた。増税案に対する野党の攻撃を受け、倒閣の憂き目にあったのである。ただちに山県有朋内閣が成立、蔵相は財政規律に厳格な松方正義だった。加えて反対論の急先鋒に法制局長官の平田東助(ひらたとうすけ)が控える。

後藤は、まずは平田と対峙せざるを得なかった。

＊

「後藤さん、そんなことできるはずありませんよ。劉銘伝でさえできなかったんですからね」

後藤は色をなす。

「劉銘伝でさえできないというのは、君、一体どういう意味かね。劉銘伝のほうが児玉総督より偉いとでも君は考えているのかね。大日本帝国の法制局長官ともあろう人物の言とは到底思えない。聞き捨てならん。法制局長官がそういうふうに考えているのなら、私はこれからすぐに台湾に帰って総督に辞表を書いてもらわにゃならん。君、それでいいんだね。今の発言、ここで取り消しておいたほうがいいんじゃないか」

「取り消すわけにはまいりません」

「そうか、わかった。ただですむと思うなよ」

後藤はヤクザ言葉を残して辞した。

ことの顚末が桂のところに伝わる。桂はえらいことになった、とんでもないことだと耳を疑う。平田を呼びつける。激怒した。さすがの平田も不承不承、翻意せざるを得なかった。

山県が動く。山県は総理大臣公邸に後藤を呼ぶ。陸軍大臣の桂、内務大臣の西郷も同席している。

「後藤君、六〇〇〇万円というわけにはとてもいかないが、四〇〇〇万円に減額ということであれば、反対派をなんとか押さえ込むことができるんだがね」

即座に、後藤は、

「そんな決断が私にできるはずがありません。閣下から児玉総督に直接伝えてもらわねばなりません」

「なら、君が私の意見をすぐに総督に伝えてくれりゃいいじゃないか」

「そうですか」

後藤は打電の内容をさっと書いて、

「これでよろしゅうございますか」

「うん、これでいい。すぐに打ってくれ。君の名前でだよ」

「差出人の名前が私というわけにはまいりません」

「君が書いたんだから君の名前でいいじゃないか」

「冗談じゃない。そんなこと、できるはずがありません。山県総理のお名前で打ってもらわにゃ、政府が承認したことにはなりません」

隣に控える桂が、

「君、そうまでいうんじゃないよ。総理がここまで譲歩してくれているんじゃないか。総理のおっしゃるとおりにせんか」

「いや、どうしてもそういうわけにはいきません」

しびれを切らした山県が、

「すぐに秘書官を呼んでくれ。俺の名前で打つ。児玉のことだ。すぐに返信がくる。後藤君、それまで別室で待っていてくれ」

後藤は控える。しばらくして、秘書官が後藤を総理のところにくるよう促しにやってきた。

「君、これをみたまえ」

山県は児玉からの返信電報を机のうえに放り投げる。

何と児玉の返信は、

〝計画の全体を受け入れてくれるのであれば、四〇〇〇万円で呑む〟

というものだった。後藤は児玉の果断に目眩を感じた。

「総督がそうおっしゃるのなら、私には何もいうことはありません」

後藤は、公邸から赤坂に向かう生い茂る緑の坂を下りながら胸を熱くしていた。

〝だが、待てよ。喜ぶのはまだはやい〟

〝山県の言だからこれが政府の見解だ。でも、帝国議会があるじゃないか。大隈の憲政本党はどう出るか。本党には星亨（ほしとおる）という難物がいる。いくら星でも山県が決めたものに反対するなんてあり得ない。いや待てよ、そううまくいくか〟

後藤は同じことを頭の中で何度も繰り返す。よぎる不安が上回り、気がつけば足は目黒の西郷従道邸に向かっていた。

桂太郎が第二代総督となって台湾に赴任するに際し、後藤が海軍大臣の西郷従道ともども台湾の地に足を踏み入れたことは先に記した。後藤は初の台湾訪問の旅を通じて、長兄に隆盛をもつこの軍人の中にいかにも大人（たいじん）らしい鷹揚で懐の深いものを感じ取り、以来、厚い信頼を寄せるようになった。敬愛深き兄隆盛の薩摩への下野にしたがわずに政府内にとどまり、明治新政府を軍人として内側から支えるという、いわくいい難い従道の心中の葛藤に深い陰影を後藤は感じていた。

西郷従道

瀟洒な二階建ての西郷邸の洋間に通される。葉巻煙草の匂いが部屋に充満している。後藤はせかせかと切り出す。

「西郷先生、お願いがあって参上しました。明日の予算委員会で公債計画について私に説明させてくれませんか。予算通過が難しいということであれば、私は徹底抗戦、演壇から引きずり下ろされるまで説得をつづけます。予算委員会の承認が得られなければ私は総督府民政長官をやめます。総督に申し訳が立ちません」

茫たる表情をまったく変えることなく西郷はいう。

「どうぞ後藤さん、私に任せておいてください」

「もちろんです。でも、万が一ということがあります」

「わかってる。わかってますよ。後藤さんの出席に反対する者がおれば、委員会のほうは明日はや

図6－2　西郷従道（『近世名士写真　其2』国立国会図書館蔵）

め、もう少し先に引き伸ばしますよ」

「よろしくお願い申しあげます」

西郷は照準を星亨と星の領袖・松田に絞っていた。松田は後藤の計画にすでに賛意を示している。松田を通じて星を口説くというのが西郷の戦略らしい。

星は存外にも簡単に承知してくれた。

星がなぜ簡単に諾のサインを出したのか。何か魂胆でもあるのか、後藤にはわからなかった。ただ西郷という人物の底知れぬ力を後藤は深く感じ取っていた。

〝政治とは怖ろしいものだ〟

帝国議会は公債費四〇〇〇万円を三五〇〇万円に減額というところで決着した。明治三十二年（一八九九）三月には「台湾事業公債法」が議会を通過した。この公債こそ、土地調査事業、鉄道敷設、築港などの台湾開発のための大規模事業を可能ならしめた肝心要だった。

公債費六〇〇〇万円は三五〇〇万円にまで減額されたものの、後藤はそうがっかりしたわけではない。一つには「大風呂敷」がある。大きくふっかけて実を取るという後藤一流の手法である。しかし、決定的だったのは児玉の返電だった。まずもって事業公債を開始し、その後のことはその後にやるべしという児玉の決断だった。「一日モ速(すみやか)ニ議会ニ提出スルヲ望ム」という、山県への返電文の末尾の一行に、児玉の切ないまでの思いがこめられていた。

台湾にもどった後藤は総督への挨拶に出向く。

「後藤君、えらい修行をしてきたな。早速だが、次の準備に取りかかってくれたまえ」

顔をみるなりの児玉の一言だった。

「よし次だ」

南北縦貫鉄道敷設、基隆築港、そのための徴税基盤の拡充、この三つに着手しなければ台湾の開発は本格化しない。児玉と後藤の息はここでぴったりと一致していた。

開発経済学――「貧困の罠」

少々、横道に入る。

社会科学の一分野に、開発経済学という研究分野がある。開発途上国の経済発展を求めて政策的処方箋を提供するという実践的な領域である。

この研究分野では、多くの開発途上国が「貧困の罠」に陥っていると考えられている。

〃貧困の原因は、貧困それ自体にある〃

という考え方である。「貧困の悪循環」「低水準均衡の罠」ともいわれる。

開発途上国とは、一人当たりの所得水準が低い国々である。それゆえ貧困国の住民は、手にする所得が少ないためにモノを買う力、つまり購買力が低い。購買力が低ければモノを生産してもこれを販売することが難しい。そのために企業は投資拡大のインセンティブ（誘因）が弱い。投資が不活発であれば、一国の所得水準の増加、つまりは経済成長を望むことはできない。それゆえ再び国民の所得水準は上昇しない。

こうも説明されよう。貧困国は住民の所得水準が低いがゆえに、モノを購入してその後に残る貯金（貯蓄）はわずかである。貯蓄は銀行などの金融組織を通して企業家に貸し付けられ、企業家はこれを原資として投資を拡大する。しかし、貧困国においては金融機関に集められる貯蓄が少ないために、企業投資は容易に拡大しない。

いずれのアングルからみても、開発途上国の「貧困の罠」からの脱出は容易ではない。

貧困国をこの「罠」から脱出させるには、政府や外国から巨額の投資を一挙に投入し、そうして国民の購買力を引きあげ、かつ企業家の投資インセンティブを誘発することが必要である。

一国経済に対する外部からの「強力なひと押し」、つまり「ビッグプッシュ」によって一気にその経済を動かさねばならない。道路、鉄道、港湾、通信などの社会的基盤（インフラストラクチャー）の建設が不可欠である。外国企業（多国籍企業）による巨額の投資、さらには国内企業の投資を促すための先進国や国際機関などによる政府開発援助（ＯＤＡ）などが導入されねばならない。第二次大戦後、アメリカが欧州諸国に対して供与した巨額支援、いわゆる「マーシャルプラン」などの成功がビッグプッシュ論の背景にはあった。

もちろん、往時の後藤新平にそういう知見が備わっていたわけではない。しかし、振り返れば、後藤の「三大事業」とは文字通りの積極策であり、フロンティア台湾の白地の一枚の布のうえに、縦貫鉄道敷設、基隆築港などの図柄を描き、そうして樟脳、砂糖、茶などに従事する本土の資本家の投資を招き入れようという発想に立っていた。その見識の斬新さは、現代から振り返ってみても、まことにみるべきものがあったといわねばならない。

児玉辞任か

時の桂内閣は日露戦争を眼前に控え、海軍を中心にした軍備増強計画の議会通過という難題と格闘の最中にあった。元勲世代にかわって新たに組閣された少壮内閣を待ち受ける、最初にして最大の難関であった。台湾の三大事業が推進される状況にはまるでないかのごとくだった。

児玉と後藤は、桂内閣の窮地に居ても立ってもいられない。二人はついに上京することに決した。陸軍次官、陸軍中将を経て、つい先だってまで陸軍大臣を務めていた児玉には、海軍増強予算を議会で通すことがいかに困難かは誰よりもよく理解できた。しかし、いかに困難ではあれ、この状況下においてなお台湾開発は日本にとっての最重要課題である。このことを桂に直接会って説かねばならない。

児玉は、桂はもとより伊藤とも何度も接触したものの、日露戦争という国家存亡の大事を眼前にして、ことは容易に進まない。

これでは総督辞任もやむなしとさえ考えるにいたる。民政長官とて同然だった。三大事業が頓挫してしまえば、台湾統治に関わる威信は大きく揺らぐ。児玉辞任ともなれば、日露戦争以前に日本自体が存亡の淵に立たされる。後藤は極度の危機感におののいた。

後藤は桂に児玉慰留を平身低頭する以外になかった。桂も同じく平身低頭して児玉の慰撫につとめた。

児玉は踏みとどまった。

公債費三五〇〇万円を四〇〇〇万円に増額する。桂は児玉に耳打ちした。

児玉は不覚にも涙した。

児玉の涙などみたこともない後藤は、息を呑む。

紆余曲折を経て明治三十六年（一九〇三）五月の第一八議会において、四〇〇〇万円公債費は正式に議決された。

台湾銀行という台湾通貨の発行権をもつ特殊銀行がある。日本統治時代の台湾における最大の商業銀行である。商業銀行とはいえ実質は国営銀行だった。台湾事業公債の発券は台湾銀行なくしては不可能である。

新領土経営に銀行は欠かせないという見解は、台湾統治開始の直後からあった。実際、明治三十年四月には「台湾銀行法」が公布され、名だたる名士をそろえ創立委員会が設置されてもいた。しかし、日清戦争後の財政・金融逼迫に加え、「台湾売却論」に示されるごとき悲観論一色の情勢下にあって銀行設立の気分が盛りあがることはなかった。

金融という動脈がなければ産業という身体は機能しない。民政長官着任のすぐ後に当時の大蔵次官、後に台湾銀行頭取になる添田寿一（そえだじゅいち）に宛てた書簡で後藤はこう述べていた。切実な訴えであった。

> 今ヤ現総督着任以来、一方ニ於テハ行政機関ノ組織ニ刷新ヲ加エ、一方ニ於テハ軍隊ノ配置ヲ改メ、官紀ヲ振粛（しんしゅく）シ、匪賊ノ跳梁ヲ抑エ、茲（ここ）ニ漸ク新領土経営ノ緒ニ就カントスルニ方（あた）リ、商工業者ノ後援トナリテ、其事業ヲ伸張セシムルニ足ルベキ、金融機関ノ設備未ダ成ラザルハ、深ク遺憾トスル所ニシテ、此点ヨリ見ルモ、台湾銀行ノ設立ハ一日モ速（すみやか）ナランコトヲ切望シテ止マザル次第ニ有之候

台湾銀行設立を定款が認可された時点だとすれば、明治三十二年（一八九九）三月三十日のこ

とである。「台湾事業公債法」公布の八日後のことだった。頭取には大蔵次官・添田寿一が任命された。事業公債の発行は明治三十三年度に開始され、同三十九年度に終了するまでの七年に及んだ。

公債の元本・利子償還は、募債終了直前の明治三十八年度にすでに開始された。元本・利子返済の原資が台湾内での歳入によってまかなわれるようになったのである。

明治三十八年度以降、台湾は本土の国庫収支からみる限り、「黒字」となったことになる。国庫補助金の消滅である。「台湾売却論」かまびすしかったのがほんの少し前のことだったことを顧みれば、台湾総督府、台湾銀行がその構築に向けて注いだエネルギーの規模が理解できよう。

竹越与三郎は『台湾統治志』においていう。

今や我台湾は領有以来僅かに九年半、（中略）自給植民地となる

列強の植民地統治の中で台湾のような「自給植民地」は他のどこにもない、と述懐したのである。

政治の世界には「黒幕」とか「フィクサー」と呼ばれる人物がつねに存在する。黒幕であるがゆえに決して表舞台に立つことはない。『論語』「子路篇」に「狂狷」という用語がある。狷とは志が高く意志の強固なことだが、狂おしいまでにその意思を貫くといった意味であろう。理想の実現のためには何ものをも恐れずに孤高を守り不義に手を染めることがない、そういう人物が真の黒幕なのであろう。

台湾銀行の設立の背後には、杉山茂丸という狂狷の黒幕が存在していた。

杉山茂丸ほど大役を演じたものの、その行動の像が不鮮明な人物は珍しい。元治元年（一八六四）に福岡藩士の長男として出生。若くして政治にめざめ、旧幕臣・山岡鉄舟の門人となり、山岡の添え書きをもって伊藤博文に面会、明治「暴政」の最高権力者たるこの総理大臣の首をはねようとしたものの、逆に伊藤からその理のないことを諄々諭されて真の政治に覚醒したらしい。その後、頭山満と邂逅、頭山に深く心酔した。伊藤が立憲政友会を立ちあげるに際しては、これを物心両面から支えて伊藤の信頼を得るにいたったという。

桂太郎を第二代台湾総督として推挙したのは伊藤博文である。しかし、猜疑心の強い伊藤は桂の統治のありようをじいと観察させる、いわば「お目付け役」を杉山に任せ、日台間を随時往復させていた。

そうして杉山は台湾に深い関係をもつようになり、第四代の総督・児玉源太郎ならびに民政長官・後藤新平とも昵懇の仲になった。当時、香港を拠点に石炭貿易に携わっていた杉山は、植民

図6－3　杉山茂丸（杉山満丸氏提供）

地統治において銀行がいかに大きな役割をもつかを知悉（ちしつ）していた。

香港の発展は他でもない。イギリスが香港上海銀行本社を香港の地に設立、この銀行が華南地域や東南アジア一帯の諸権益を一手に握っていたからであった。

台湾を発展させるには台湾銀行が不可欠だ。杉山はまずは松方正義を説得し、松方が乗り気をみせるや、後藤にこのことを伝え、杉山は後藤と二人して児玉の説得にあたった。

児玉は説得に応じた。

「よしわかった。なら杉山君、君の台湾銀行設立の実施要項を書いて後藤君に渡してくれたまえ。だがね、君、台湾にはまだ資産というべきものが何もないんだよ。香港とはわけがちがう。ここのところをわきまえて私にも理解できるような案じゃないと困る。それに君の案を実行に移すことのできる人物がそもそもおるのかね」

「大蔵次官に添田寿一がいるじゃありませんか。こいつを児玉閣下の力で引っ張ってこられれば、台湾銀行は成功します」

脇で二人のやりとりを聞いていた後藤は、

「閣下、それより他に手はないと私も考えます。台湾銀行設立の必要性については、私は着任の直後に添田君に書簡を出しております。添田君からは同意する由の返信を受け取っておりますので、よろしければもってまいりましょうか」

「いや、もってこんでいい。添田君なら桂・ハリマン協定の折に随分と動き回った人物であることは、私も知っている。添田君でいこうじゃないか。しかしだね。さっきもいったが、総督府が発券する事業公債は台湾銀行に引き受けてもらわにゃどうにもならない。公債費をどうやって工面するか。まずはそこが問題じゃないか」

後藤はいう。

「そこです。かねて総督にお話ししていたことですが、地租を増加させねばなりません。それには土地調査事業を加速させる。このことが何より必要なんじゃないでしょうか」

「その通りだ」

ことは一挙に動き出した。

頭山満は杉山より九歳年長である。黒田藩主の末裔であり、武士による自由民権運動の一母体「玄洋社」の要人であった。杉山が誰より深く敬愛していた人物が頭山である。

頭山は丁汝昌(ていじょしょう)率いる清国北洋艦隊が長崎寄港時に引き起こした水兵による乱暴狼藉、「長崎事件」を契機に国権主義に大きく傾いた。朝鮮の「甲申事変」に際しては開化派を厚く支援した。

事変後に日本に亡命した金玉均、朴泳孝の救済のために奔走したりもした。

日本がアメリカをはじめとする列強との間に結んだ「安政五ヵ国条約」と呼ばれる不平等条約を撤廃しなければならない。頭山は決していた。

時の外務大臣・大隈重信は、大審院への外国人登用をもって領事裁判権の回復を図ろうとした。しかし、これは日本の法権を揺るがす卑劣な譲歩だと見立てた頭山は、自由民権派の大井憲太郎と密議、大井配下の来島恒喜に、閣議から公邸に戻る大隈の馬車に向けて爆弾を投擲させようと計画。この計画は実行に移され、大隈は右脚を奪われた。来島はその場で自刃。大隈内閣が倒れ、条約改正も水泡に帰した。


頭山の思想と行動は過激にみえる一方、人間的にはきわめて清廉潔白であった。政界との関わりは一切もたず、蓄財には関心がなかった。杉山はこの頭山を仰いで人生の師とみていた。

しかし、頭山が政界とは無縁である一方、杉山はむしろ積極的に体制の懐に入り込んでいった。みずからの理想の実現のために伊藤、山県などとの交友を求めて倦むことがなかったのである。

それにもかかわらず、杉山は官職とか栄誉にあずかることを潔しとせず、「草莽の壮士」として生きた。それがゆえにであろう、思想や信条についての見解の相違にもかかわらず、杉山の周辺には多くの有力な人材がつねに蝟集していた。

日本は日露戦争を眼前に控えて財政逼迫に音をあげていた。台湾開発どころではなかった。台湾の資本不足に外債募集というアイデアをもって臨み、単身渡米、モルガン商会に赴いて募債の引き出しを成功させたのは杉山である。

杉山は、元老院議員・安場保和を福岡県令の座に座らせ、後藤とも深い関係をもつようになった。安場の次女の和子は後藤夫人である。杉山は安場の協力を得て、九州鉄道敷設、博多湾築港、鉱山鉄道敷設などの諸事業に乗り出し、それら事業のことごとくを軌道に載せた。

北九州開発事業の重要な一つが、海軍予備炭田の民有化であった。この炭田を引き受けた杉山は、香港を窓口とする石炭貿易に緒を開き、経済知識を蓄えた。その知見が後藤に伝わり、児玉を動かして台湾銀行設立となったのである。

杉山の長子が夢野久作（ゆめのきゅうさく）というペンネームで知られる、『ドグラ・マグラ』などの怪奇小説の鬼才・杉山泰道である。夢野の著作に『近世快人伝――頭山満から父杉山茂丸まで』がある。この伝記の最後のところに、芝増上寺で執り行なわれた杉山の玄洋社葬（昭和十年）についての情景描写がある。頭山と杉山の深い交友を浮かびあがらせる一文である。

九州で玄洋社葬をして頂くために、東京駅を出発したのは八月二十八日であった。

駅頭まで見送りに来た頭山満先生が、父の遺骨を安置した車の前に立ちながら、見栄も何も構わずに涙をダクダクと流していられるのを見た時に、私は顔を上げ得なかった。

広田弘毅閣下も泣いておられたそうであるが、これは気付かなかった。

「頭山さんが頭山さんが」

と云って、今年六十七になる母親が、国府津附近まで泣き止まなかったのには全く閉口した。

慰める言葉が無かった。


杉山茂丸が日本の近代史や思想史の中に登場することはまずない。なぜなのか。そこに戦後の、つまり現代に生きる日本の知識人のある特有な知的バイアスをみるのだが、そのことを論じ出したら切りがない。

政治とは一命を賭してなし得るものであろう。一命を賭す覚悟があればこその黒幕にちがいない。黒幕に徹しなければ、併行していくつもの事業を完遂することなどできない。黒幕はしばしば政治家よりも大なることをなす。杉山の生涯はそのことを物語る。

第七章　縦貫鉄道の物語

財政逼迫に呻吟する日本

日清戦争直後の、ロシア、ドイツ、フランスによる「三国干渉」はいずれ雪ぐべき日本の屈辱であった。陸海軍、特に海軍の増強計画が差し迫った課題となった。しかし、日本の国家予算は、主敵ロシアに比べてわずか一割くらいしかない。「臥薪嘗胆」をスローガンに、貧しい日本は歯を食いしばって軍備増強に励んだ。

それにしてもカネがない。日露戦争の開戦外交を担った時の外務大臣・小村寿太郎を苦心惨憺させたものが軍費調達であった。

日清戦争でも軍費の五割ほどを公債に依存したが、日露戦争におけるその比率は実に八割とならざるを得ない。公債を日本国内で消化することは無理だ。外債の起債が急務となった。小村は駐英公使・林董に電信、イギリスの外務大臣・ランスダウンに支援を乞うた。しかし、イギリスはボーア戦争を戦っている最中だった。この戦争に膨大な財政資金を注ぎ込んでおり、日本の要求には残念ながら応じられない、との回答だった。日英同盟の相手国たるイギリスとてこうだった。さりとて諦めるわけにはいかない。

閣議決定により日本銀行副総裁の高橋是清を英米に遣わし、起債を要請させることにした。一〇〇〇万ポンドの外債が不可欠だった。高橋はニューヨークに出立、多くの銀行経営者に面会して事情を説明したものの、当時のアメリカは自国の産業発展に外貨を必要としており、日本のために外債を募集する余裕はない、というのが大方の回答だった。

高橋はロンドンに向かい、横浜正金銀行の取引先のバース銀行、香港上海銀行、チャータード銀行との交渉に入ったものの、日露戦争で日本が勝利することなど信じられてはいなかったようだった。答えは芳しいものではない。しかし、食い下がる高橋は条件闘争に入り、譲歩を重ねて何とか五〇〇万ポンドの外債を募ることができた。

しかし、残りの五〇〇万ポンドの見通しがたたない。たまたま在英中のアメリカのクーン・ローブ商会の上席パートナーである、ユダヤ人のジェイコブ・シフと邂逅した。シフはアメリカユダヤ人協会会長でもあった。ロシアにおけるユダヤ人迫害を憤るシフは、対露戦に打って出ようとする日本に深い敬意を示し、そうして五〇〇万ポンドを引き受けようということになった。

〝事後報告だけでいいぞ〟

台湾鉄道建設は、日本のかかる経済的逼迫の中で始められた。

児玉源太郎は台湾鉄道予算の獲得のために上京した。後藤新平の策定した「台湾縦貫鉄道敷設計画書」を手に、大蔵省や各閣僚を説き、明治三十一年の帝国議会への予算案提出を乞い歩く。大蔵省や閣議での反対は根強い。だが、児玉は怯むことはなかった。説得が功を奏した。桂太郎や寺内正毅など外地経営の重要性を知る大物閣僚の支援にも助けられた。何より児玉のそれまでの高い政治的実績への評価であった。

児玉は台湾に帰る。基隆に出迎えた後藤に向かってこういう。

「ついでに鉄道建設の技師長も決めてきたよ。在京の折に井上馨や井上勝子爵の二人に相談してみたんだが、二人揃って長谷川謹介が最適任だという強い薦めがあってね。井上勝さんには長谷川君を口説いてくれと伝えてある。いずれ応諾の返事がくると思うよ」

井上勝とは、当時の工部省に設けられた鉄道局の局長という日本の鉄道建設事業のトップの座にいた人物である。長谷川の日本での鉄道敷設は、大方が井上の指揮下にあった。井上は長谷川の技量と調整能力に深い信をおいていた。

師と仰ぐ井上の薦めに応じて長谷川が台湾に赴いたのは、明治三十二年(一八九九)四月の初旬であった。長く自分に仕える渡辺英太郎を引き連れての着任だった。「台湾総督府臨時鉄道敷設技師」という職名が長谷川に用意された。

児玉から長谷川の名前を聞いて以降、後藤は長谷川の仕事ぶり、「柳ヶ瀬隧道」や「天竜川架橋」などの工事での高い手腕のことを関係者から聞き、長谷川への高い評価を知った。

長谷川と渡辺が台湾に着いた日の夜、鉄道部員は料理屋に二人を招き歓迎宴を開いてくれた。後藤もここに出席、初めて長谷川に会う。磊落(らいらく)な人物であることはちょっと話してみればわかる。

〝そうか、こいつに任せてみるか〟

＊

「今夜はゆっくりしてくれよ。明日は昼頃に総督府に出てきてくれればいい」

ビール一杯をともにあおって、すぐに後藤は総督府へもどっていった。

長谷川と渡辺は昼過ぎに総督府民政長官室の後藤のところに向かう。

「やあやあ、ようこそ。私は、一応、鉄道部長ということになってはおりますが、これはただの冠でね、鉄道の技術的なことは私は何も知っちゃいない。素人ですよ。でもこの事業が目下の台湾統治のための非常に、いや最も重要なものであることは誰よりも知っているつもりです。児玉閣下ともども予算は何としてでも取ってくるが、技術的なことはね、長谷川君、君にすべてを一任するよ。今から児玉閣下のところに挨拶にいってくれたまえ」

後日のことだが、後藤は長谷川に仕事を一任した理由をこう語った（『明治期鉄道史資料　第二集　第七巻』「鉄道家伝」3、日本経済評論社、一九八一年）。

自分は明治三十二年四月台湾鉄道部創設以来同三十九年同島を去るまで台湾鉄道部長の職にあつたが、それは唯名義だけの部長で、鉄道のことは長谷川君に一任して盲判を捺（お）して居たに過ぎない。従て満鉄へ赴任する迄は鉄道部長で在り乍（なが）ら鉄道のことには門外漢で殆ど何も知らなかつた。それは畢竟（ひっきょう）技師長に其人を得たからである。一体長谷川という人物は世間往々に見る学者の様に学術上こうで有るから其通りにして置けば後日如何なる結果を生じようとも自分の責任は毫も無いと云つた型の人間で無く、学理は学理として自分の経験から飽迄（あくまで）万全を期するといふ性質の男であつたから安心して殆ど全権を挙げて一任した次第である

長谷川が児玉に会うのも初めてだった。軍服の正装に身を包んだ小柄な軍人だが、いかにもと思わせる威厳が漂う。

「よう、待っていたぞ。長い勤務になろう。お国の大事である。期待している。仕事は民政長官がいっていたと思うが、君にすべてを任す。事後報告だけでいいぞ」

長谷川もツートップからすべて一任だといわれて、呆気にとられながらも、粛然たる思いだった。

〃おろそかにはできない仕事だぞ〃

日本で鉄道の敷設が始まったのは、明治十四年（一八八一）である。西南戦争での出費による財政逼迫がつづいて、国有鉄道敷設は不可能であった。岩倉具視などの華族が出資者となって、私立鉄道会社「日本鉄道」が設立され、現在の東北本線や高崎線、常磐本線などの鉄道事業が進められた。長谷川はこの日本鉄道有数の技師であった。

長谷川の日本における数々の業績の中で刮目されるものの一つに「柳ヶ瀬隧道」があり、もう一つに「天竜川架橋」がある。

琵琶湖畔の長浜から敦賀までの四つの工区のうちの第三工区に、柳ヶ瀬隧道がある。これを担当したのが長谷川だった。滋賀と福井の県境に位置するこの隧道は北陸本線にあって当時の日本で最長のトンネルだった。藤田組が請負い、長谷川が技術指導にあたった。隧道掘削に日本で初めてダイナマイトを使い、削岩機などの工作機を用いての本格的な工事であった。一人の犠牲者を出すこともなく竣工にいたった。全工程が日本人のみにより建設された最初の隧道工事でもある。

明治二十年六月に施工された天竜川架橋は、阿賀野川架橋が完成するまで日本で最長の架橋だった。橋脚を二四メートルも掘り込むほどの前例のない大規模工事だった。長谷川の指揮下で一年二ヵ月後に予定通りの竣工となった。

この二つの工事によって、長谷川は当時、日本の鉄道建設に関心をもつものであればその名前を知らない者はないほどの技師となった。にもかかわらず、長谷川は第一級の技師であることを驕ることのない恬淡たる男だった。そういう長谷川の性格のゆえでもあろう、長谷川のもとには多くの技術者が集い育っていった。

台湾に赴任する前、長谷川は常磐本線の工事に携わっていた。常磐本線は常磐炭鉱で産出される石炭を首都圏に搬出する輸送ルートとして重視されていた路線である。これが最終段階に入り、長谷川も自分の仕事もこれで一区切りかという感慨をもつようになっていた。


その頃、日清戦争の経験に鑑み、軍事輸送の強化が必須の課題として浮上した。各地の私鉄を統合、これを日本国有鉄道として路線系統の統一を図ることが急務となった。日本鉄道は国有化されることになった。いい潮時だと長谷川は考え、技師職を辞した。しかし、鉄道会社が長谷川を放っておかない。磐越鉄道で技術指導にあたってくれないかという誘いを受け、嘱託のような楽な仕事ならいいかと思い、長谷川はここで禄を食むことにした。

だが、待てよ。自分は閑職で飯を食ってはいるが、自分についてきてくれたかつての同僚や部下を放っておいていいのか。食いつめている者もいるにちがいない。国有鉄道から何か割のいい仕事を請け負い、彼らに職を与えることが必要だ。それにこれまで培ってきた技術の継承をおろそかにしてはだめだという思いを深めた。

思いもよらないことだったが、そんな折に飛び込んできたのが台湾鉄道敷設の仕事だった。磐越鉄道の視察のためにやってきた井上勝が長谷川の水戸の官舎を訪ねてくれた。その時にもち出されたのが台湾鉄道のことだった。

「山間部を貫く一本の長大な鉄道を建設して台湾の潜在力を一気に発揚させる。これ、男として十分にやりがいのある仕事じゃないか」

〝そうかもしれない。壮年期の自分が求めているのは、フロンティアでの挑戦的な仕事なのだろう。新領土での工事というからには、技術者も新たに募るということになるはずだ。かつての同僚や部下をここで呼びよせて彼らに飯を食わせることができるんじゃないか〟

〝列強に日本の実力をみせつける格好の仕事じゃないか〟

〝一身のためじゃない。もうひと働きするか〟

ルート設定

台湾島のほとんどは山間地である。島の南北を標高三〇〇〇メートル級の中央山脈と呼ばれる脊梁（せきりょう）が走る。夏期の大量の降雨は、一方は脊梁を東に流れて太平洋に一気に注ぐ。西側も山々と丘陵が連なり、平地はこれにへばりつくような形で台湾海峡沿いにわずかに広がるだけである。台中から嘉義を経て高雄にいたるまでが嘉南平原と呼ばれる平地である。しかし、この平原には、濁水渓、北港渓、八掌渓、急水渓、曽文渓などの中央山脈を源流とする河川が横切り、台湾海峡に注ぐ。源流から海峡までの距離は短く、降雨期には田畑を濁流が押し寄せては壊滅させてしまう。

この地形の台湾島を南北に縦断する鉄道を敷設するのだが、ルートをどう設定するか。最初の難題であった。長谷川に鉄道事業が任された時点では、ルートは何も設定されてはいなかった。

鶴見の『正伝 後藤新平』には、児玉と後藤が参謀本部の三〇万分の一の地図をテーブルにおいて、基隆から高雄（当時は打狗と呼ばれていた）まで一本の赤い線をズーと引き、一マイルいくらの予算をたてたと書かれている。児玉、後藤によって、台湾縦貫鉄道は三六五キロ、一〇年計画と発表されたが、これはごく大雑把な推定であった。

図7－1 阿里山登頂（中央・後藤、左から５人目の帽子なしが伊能嘉矩。後藤新平記念館蔵）

台湾に鉄道がまったくなかったわけではない。基隆から新竹までは清代末期の台湾巡撫・劉銘伝によって敷設された鉄道があった。粗末な代物だが、ルートはこれに頼ることにした。問題は新竹から高雄までである。

台湾縦貫鉄道計画そのものは、初代総督の樺山資紀によって明治二十九年（一八九六）に具申され、また民間企業の台湾鉄道会社が設立されたものの立ち消えになっていた。本格的な調査とルート設定はこれからだった。

児玉と後藤は台湾の自立を促す産業用の縦貫鉄道を構想していた。本土に依存することのない自立的な統治基盤を台湾で確立したいという志であった。米、茶、砂糖やバナナ、パイナップルなどの果物、それに樟脳（しょうのう）や檜といった貴重な原材料が、台湾には豊かに潜んでいる。これらの潜在力を市場に顕現するには縦貫鉄道が不可欠だと児玉、後藤は当初より考えていた。

長谷川は児玉・後藤の意を汲んで考え抜く。まずは現地検分だ。

部下の渡辺を引き連れて検証の旅にでる。当時の台湾では「土匪」が出没し、熱帯病が猖獗（しょうけつ）していた。実地検分はよほどの胆力を要した。それに、二人では人手がまるで足りない。

基隆・新竹間の鉄道は駐屯軍鉄道隊が改良工事に従事していた。基隆からしばらく南下しながら検分をつづける。五堵（ごと）近くの隧道で崩落がしばしば起こっている。崩落した隧道は放棄し、隧道の北方の外側を迂回する鉄道を新たに敷くより他ないと考える。五堵以外にも同じような危険な隧道がいくつかある。隧道の崩落は、近道を選んで急勾配のところに無理してアナを開けたからであろう。多少の遠回りではあっても勾配は穏やかなところのほうがいい。なけなしの予算がこれに食われるのか。

道らしきものがない。粘りつく泥をかきわけて長谷川と渡辺がひたすら歩く。泥の中には水牛があちらこちらにたむろしていて、近づくと襲われかねない。基隆から台北にたどり着き、ここから新竹に向け南下しようとしていた。

しかし、二人では実地検分は無理だ。まず人手不足を解消しなければどうしようもない。当時、総督府鉄道部には二〇〇人前後のスタッフがいたが、実地測量の経験のある者はほとんどいない。鉄道部スタッフといっても、そもそも鉄道建設に携わった人がいない。長谷川は後藤に面会を乞い、測量の技倆を備えた人材をどうしても補充したいと訴えた。常磐本線敷設工事に従事していた当時の部下の二十数人が台湾で働きたいといっているので、彼らを雇ってくれないかと懇請した。後藤は何とかしようといい、井上勝に打電、井上からは応諾の返信がきた。

国有鉄道に移行したものの冷や飯を食わされ、新たに活路を開きたいと考える者が少なくないことを井上はかねて知っており、彼らを募ってくれたのである。帝大出身の測量技師も三人いた。新竹から高雄までの実地検分は長い旅程だったが、助っ人を含めて二十数人の仕事である。土匪の襲撃や熱帯病を恐れたが、幸いにもこれらはまぬかれた。

台湾縦貫鉄道のルートはともかくも図7－2のように設定された。児玉も後藤も長谷川をねぎらい、このルートを了承してくれた。軌道は予算の厳しい制約を考慮して、広軌ではなくて狭軌を採用した。隧道を掘削し架橋を建設しなければならない。広軌だととんでもない費用になる。長谷川は本当は広軌にしたかったのだが、ここは狭軌でいくしかない。基隆と高雄の双方の起点から同時に敷設工事が開始することも決定された。

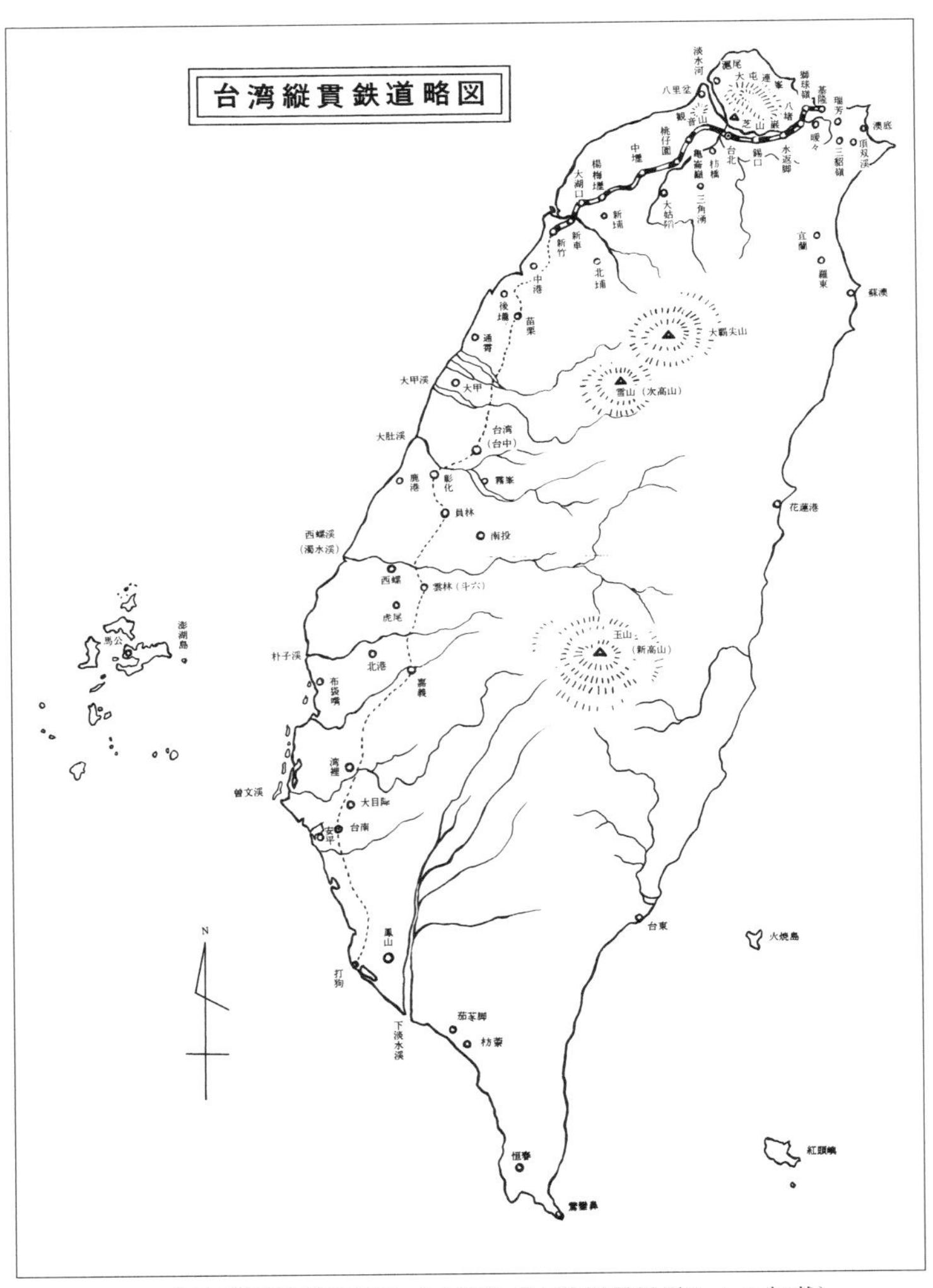

図7-2　台湾縦貫鉄道路線図（西川満『台湾縦貫鉄道』より転載）

「速成延長主義」

工事をどのゼネコンに請け負わせるか。長谷川はみずからの鉄道建設の実績を振り返り、いくつかの名前を頭に浮かべる。大倉組、鹿島組はすぐにでも思い起こされた。その他、実績を残したものに久米組、吉田組、佐藤組、有馬組、志岐組などがある。この七社の全部を入札企業に選定し、相互に競わせてみようと決した。後藤も応諾した。

*

このあたりで長谷川は今後の基本方針について、鉄道部スタッフに話しておく必要があると考えた。台湾縦貫鉄道に従事することになって以来考えつづけ、これしかないというスローガン「速成延長主義」を打ち出し、全員がこれに向かって邁進せよという趣旨であった。総督府の講堂にスタッフの全員を集めてこう語った。

「私の考えを一言で申しあげれば〝速成延長主義〟です。一フィートでもいい、一日でもはやく先へ先へと路線を伸ばしていくことが肝心です。鉄道を延ばし、延ばした分をまずは開業して収入を得る。その収入を再投資して路線をさらに延ばす。路線を延ばしていけば乗客がふえ、さらに路線近傍の地域の茶や砂糖、果物や原材料などに市場の捌け口を与えることができます。路線の一日もはやい延伸、これが決定的に重要な私どもの仕事です。停車場、その他、線路以外のものの建設に費用をかけているゆとりはない。極力コスト削減の精神で立ち向かっていただきたい。もう一度いいます。〝速成延長主義〟は台湾の住民を交通不便から救い、さらに台湾の産業振興につながります。土匪がまだはびこっていますが、その平定のためにも警察その他の治安要員を速やかに移動させることがこれによって可能となります」

聞く者にとって得心のいく話であった。

鉄道部員の一人が軽口をたたく。

「停車場などをできるだけ簡素なものにしたいことはわかりますが、停車場に便所がないわけにはいきませんよ」

長谷川も半分は冗談のつもりで答える。

「そんなものは要りません。立小便でも野糞でもしてもらったらどうでしょう」

部員の一同は長谷川の物言いに大笑いだった。

難渋する資機材搬入

建設用資材の大半は、貨車、客車、レール、枕木、石材、セメント、石炭など重量と積量において圧倒的なものばかりである。台湾内で調達できるものはレンガくらいしかない。ほとんどすべてを日本本土もしくは欧米からの輸入でまかなうより他なかった。資材は基隆と高雄の両港まで船で運び、そこから各所に配分することになった。基隆と高雄、特に高雄は、現在では台北に次ぐ大都会だが、当時は南部の一漁村だった。ここを鉄道資機材の搬入が可能な近代的な良港に仕立てあげねばならない。縦貫鉄道建設は、基隆・高雄の築港と同時に進めざるを得なかったのである。

初期の長谷川を徹底的に悩ませたのは資機材の搬入であった。建設資機材の台湾への搬送には二〇〇〇トンから四〇〇〇トンまでの数隻の船が必要である。しかし、輸送業者にこれを引き受けるものがいない。台湾への搬送がいかに困難で、割の合わないものであるかを業者がよく知っていたからである。致し方なく総督府は傭船契約により業者から輸送船を借りあげてこれを利用することにした。「南洋丸」「東英丸」「台湾丸」などであった。

最初の資機材陸揚げは、明治三十二(一八九九)年七月中旬の高雄、東英丸と台湾丸であった。東英丸は高雄にまではきたが、陸揚げの最中に台風に見舞われ、中断。西方五〇キロの澎湖諸島への避難を余儀なくされた。濃霧にさえぎられて澎湖諸島に着くのに二昼夜を要した。澎湖諸島は九〇の大小の島々からなり、その内海は外洋に比べて穏やかである。台湾海峡を渡る船の格好の避難所としてかねて知られていた島嶼群である。東英丸につづいて台湾丸も澎湖諸島に避難してきた。

同時期、四〇〇〇トンの資機材を満載した南洋丸が基隆港に入った。台湾北部の雨季の始まり、モンスーンが吹き荒れる風浪の日だった。南洋丸は陸揚げを諦めて沖合三キロのところで停泊、時機をうかがった。とはいえ、傭船契約のために相当額の停泊料を一日単位で支払わねばならない。いつまでも待つわけにはいかない。

モンスーンが少し収まった時を見計らって艀船（はしけぶね）を出す。しかし、急に風が再び暴れ出し一隻が転覆、つづいて枕木用の杉材を積んだ二隻の艀船もひっくり返り、海面をおびただしい数の枕木が漂流。陸揚げのために集められた苦力（クーリー）と呼ばれる人夫はこれに仰天、全員が逃亡してしまった。陸揚げ完了まで二五日を要したという。陸揚げができず、資機材満載のまま空しく引き返すこともしばしばだった。

北部の基隆、南部の高雄の二港だけから搬入するというのでは、中部の鉄道建設が随分と遅れてしまう。新たに淡水に港を建設することを長谷川は後藤に進言、後藤の承認を得た。

資機材搬入がどうにか可能となり、いよいよ縦貫鉄道の敷設が始まろうとしていた。北部新線は基隆・新竹間の旧線の改良工事から始められた。明治三十二年五月の起工だった。新竹から豊原までの七四キロが北部新線である。高雄から濁水渓にまで北上する一五一・二キロが南部線であり、起工は同年九月だった。豊原と濁水渓を繋ぐ台中、彰化などを含む路線が中間線と呼ばれる短い区間である。

敷設開始

北部新線の最大の難所は三叉河から豊原にいたる二二・五キロだった。全線一九の隧道のうち三叉・豊原間には九つを掘削しなければならない。三叉河は大安渓、大甲渓の本流と支流が密集する河川地帯である。雨が降りつづくと河川が暴れ出し奔流となってとぐろを巻く。

このあたりの河川の地層は軟弱な沖積層からなる。架橋には不向きである。長谷川は創意の限りを尽くした。鉄筋コンクリートで脇を固め雨期の奔流を食いとめて深い橋脚を何本も埋め込む。そしてそのうえに鉄橋を通すという往時の日本では試みられていない方法を採用した。

大安渓の架橋を経て次の大甲渓架橋にいたる手前に山岳がある。ここをどうしても貫通させねばならない。縦貫鉄道の中でも最も困難な隧道掘削であった。長谷川は本土ではまだやられていないコンクリートアーチ式の隧道掘削方式の採用を決意した。沖積土が多いために石材の隧道では崩落してしまうからである。それでも崩落リスクへの不安はあった。長谷川の不安は的中してしまう。隧道の坑内に一八メートルの幅で土砂崩れが発生、坑夫の五人が生き埋めとなった。救出作業によりどうにか助けられたものの、恐れおののく坑夫の多くが現場から消えていった。日本からやってきた坑夫も早々に帰国してしまうものが続出した。

図7－3　建設中の台湾縦貫鉄道を巡察する長谷川謹介（『工学博士長谷川謹介伝』より）

恐れていたのは事故ばかりではない。大雨があがると、決まったようにマラリアが発生、チフス、赤痢、コレラ、ペストに感染する者もいた。全部で五〇〇〇人もいれば感染は避けられない。

大安渓架橋が終わると、大甲渓の架橋工事が待ちうける。大安渓と同じような難業だったが、大安渓の経験から得られた知見を駆使して、この工事を切り抜けることができた。連発する危機を長谷川は次々と凌いでいった。中には僥倖（ぎょうこう）としかいいようのない偶然にも恵まれた。きわどい決断の連続だった。

南部線も起工された。高雄から濁水までの距離は長いものの、そのほとんどは台湾海峡に沿うて長く連なる平原での路線建設だった。

問題は起点の高雄での資機材搬入がままならないことである。搬入能力を少しでもいいから順次に増大させねばならない。

高雄は外洋の風浪から守られた穏やかな入り江である。北部には嘉南平原という台湾最大の肥沃な後背地が広がる。

しかし、高雄港の水深はいかにも浅い。入り江の外側も浅瀬である。浚渫（しゅんせつ）を要し、しかも資機材の搬入のためには港を堅牢な岸壁で守らねばならない。長谷川はこのことを後藤に訴えつづける。


高雄の築港なくして縦貫鉄道は完成しない。後藤はこのことを十分に知っていた。後藤は明治三十二年（一八九九）九月に高雄を訪れ、これでは縦貫鉄道の資機材搬入は無理だとみていた。地形、水位、潮流、波力、浚渫の諸項目について早急に調査を開始せよと、同行する総督府技師に命じた。調査はその後も何度も試みられた。築港工事は明治三十七年、当時は総督府港湾局技師であり、後に土木局長となる山形要助の指揮のもとに開始された。山形は、事跡を今にとどめる嘉南大圳の開拓者、八田与一の深い理解者としても知られる。

高雄港の竣工は明治四十五年であった。縦貫鉄道の全通には間に合わなかったものの、建設資機材の搬入能力はその間にも着々と増大していった。高雄は、後に米や塩、砂糖、樟脳、果物などの台湾最大の輸出港へと変じ、日本の南進基地へと変貌していく。

基隆築港

台湾海峡沿いの海岸には良好にふさわしい深度がない。東側では中央山脈が海に迫り、峻険(しゅんけん)な山々が海に一挙に沈み込んで海溝となる。海岸線の出入りは少なく築港は容易ではない。お粗末なものだが、清朝時代に開かれた基隆港が北部にある。

基隆はモンスーン期になれば風浪が絶えない。水深が浅く大型船の入港を許さない。一〇〇〇トンくらいの船舶でもかなりの沖合に投錨、そこから艀で乗客や資機材を運び込む。防波堤の建設と浚渫が不可欠だった。

後藤は基隆築港が台湾開発の起点だとつねづね考えていた。しかし、台湾事業公債費の問題が当時の内閣と議会で容易に進まず、わずかな予算で手を打たざるを得なかったのだが、それさえ危うい。

＊

公債事業法の説明のために上京した後藤は、目黒の西郷邸を訪れた。

「西郷先生、これでは台湾開発の起点そのものが危うい。土匪も制圧し土地調査事業も進展しております。これからの台湾の課題は開発です。開発を進めるには縦貫鉄道を建設しなければなりません。鉄道建設のための資機材の搬入には基隆の改良工事が不可欠です」

基隆築港の重要性について西郷は児玉から何度も話を聞かされており、よく理解していた。海軍増強にプライオリティをおく海軍大臣の山本権兵衛は基隆築港にまでは頭が回らず、閣議での了承を得る気がない。西郷は後藤を引き連れ、芝高輪の山本邸を訪ねて直談判に及ぶ。

「台湾は日清戦争での唯一の戦利品なんだよ。ここを本土と変わらない第一級の地域にして欧米列強の鼻をあかしてやるくらいの気概をみせないで、君、どうする気かね。判を押したまえ」

えらい剣幕に押され、山本も苦々しさを押し殺して判をついたという。鶴見祐輔の『正伝』にそうある。基隆築港は明治末年までの一〇年以上を要した。

基隆築港のために港湾技師として後藤が抜擢したのが、三十半ばの長尾半平である。

長尾は東京帝国大学工科大学土木工学科を卒業後、山形県ならびに埼玉県の土木課長職にあった。後藤は台湾の知事の一人として赴任してきたかつての山形県知事の木下周一から長尾の力量のことを聞き及んで、長尾を総督府民政部土木課長として招いた。構想力豊かでありながら静かなこの人物に、後藤は惚れこんだ。長尾の構想力は後藤によって開花した。長尾の構想に後藤は一言も発せず、ひたすら彼を信じて仕事を任せた。

長尾は児玉と後藤の前で築港計画について二時間近く汗水たらして説明した。児玉は合いの手を一切入れず、ただ聞くのみ。

「それでよかろう。後藤君、これでやらせようじゃないか」

「よろしゅうございます。長尾君、それでやってくれ」
指導者二人の瞬時の判断に、長尾は度肝を抜かれる思いで総督室を後にした。後はひたすらの努力であった。

南部線は、高雄から濁水渓にいたる一五一・二キロである。嘉南平原を貫くこの路線は、山間部の北部新線に比べてはるかに順調だった。だが、平原には中央山脈という峻険な山々を源流とする大きな河川が幾条にも流れ、台湾海峡に注いでいる。濁水渓は台湾で最大、最長の河川である。亀重渓、八掌渓、朴子渓、渡仔渓、それに濁水渓に次ぐ規模の曽文渓がある。濁水渓ならびに曽文渓の架橋工事は大がかりだったが、それぞれ予定通りに竣工された。

最後の仕事が、濁水渓から北上して豊原までの中間線だった。中間線は台中を中心とする中央山脈に沿う平原地帯を通る。その工事も進んで全線が開通、ついに「全通」となった。

後藤の「大博打」

日露戦争は、縦貫鉄道敷設工事の真っ只中に始まった。

ロシアはバルト海のバルチック艦隊の極東派遣を明治三十七年（一九〇四）五月に発表した。この船団軍が極東にまで回航してロシア旅順艦隊と合流すれば、日本の連合艦隊の倍近い戦力となる。日本軍は旅順港閉塞作戦に打って出るも、港の封鎖にはいたらなかった。ここで日本軍は旅順要塞から旅順港に向けて激しい攻撃を開始、ロシアの旅順艦隊を壊滅させた。

ウラジオストックには太平洋艦隊が居残る。日本軍の実力が想像以上に強力であると判断したロシア軍部は、太平洋艦隊の増強を図りつつあった。バルチック艦隊がこの太平洋艦隊に合流すれば、やはり日本の連合艦隊を倍する戦力となる。

日英同盟を結んでいたイギリスは諜報機関を通じてバルト海を出港したバルチック艦隊がいつどこに立ち寄り、いかに日本に向けて舵を取ろうとしているかを大本営に着々と伝えてきた。台湾周辺を通過する蓋然性が高まってきた。主力戦艦八隻、巡洋艦九隻など全部で三八隻という大艦隊である。

当時の台湾には台湾守備軍が編成されていたが、艦隊の砲撃を受ければひとたまりもない。台北にある台湾統治のヘッドクォーター総督府庁舎も艦隊の長距離砲の射程距離の中に十分に収まる。

恐れたのは総督府や駐屯軍ばかりではない。何よりも大本営であった。三叉から濁水までの区間はまだ貫通していない。これでは軍の南北移動はできない。後藤は陸軍中央にこの恐れを打電する。

陸軍中央は後藤に対して未連結の中部線部分を速成せよと指示、これに要する費用の全額は臨時軍事予算から支出する旨の連絡が入った。後藤はこの連絡を現場の長谷川にただちに打電。後藤と長谷川はこれを好機とみた。遅れていた未貫通部分の連結の工期を大幅に短縮できるからだった。

バルチック艦隊が台湾海域を通過したのは五月二十五日。何ごとも起こらず、艦隊は対馬海峡へと進んでいった。主戦場を対馬海峡での連合艦隊との決戦に定め、それまでは砲弾を失う愚はいかなロシアとて冒すまい、後藤は、はなからそう考えていた。後藤の「大博打」であり、その手腕の尋常ならざるを示すものであろう。

児玉と後藤のいない全通式

台中公園で全通式の式典が執り行なわれたのは、明治四十一年（一九〇八）年十月二十四日であった。後藤は明治三十九年十月三日に台湾に別れを告げ、新たに設立された満鉄（南満洲鉄道株式会社）の総裁職にあった。明治三十九年六月十四日、児玉が凱旋、ほどなく七月二十三日に没した。台湾総督には陸軍大将・佐久間左馬太（さくまさまた）が就いた。

全通式典は児玉・後藤の不在のまま、佐久間総督の主宰により施行された。樹木が濃い緑の影を落とす台中公園の広場にテントが張られ、主賓を閑院宮殿下として約一〇〇〇名が参加した。式典は総督の式辞朗読から始められた。『明治期鉄道史資料』にはこう記録されている台湾鉄道工事ノ困難ナル中外其此ヲ見ズ。幸ニ長谷川部長当時技師長トシテ指導経営宜シキヲ得ルアリ。地形ノ険悪ニ抗シ毒霧瘴烟ヲ冒シ間々凶暴ノ匪群ト闘ヒ、加フルニ港湾ノ不備ニ因スル諸般材料輸送ノ困難ヲ排シ又三十七八年戦役ニ会シ事業繰延ノ厄運ニ際シ事功ノ進行ヲ碍ゲラル。而モ邁往百折撓マズ竟ニ予算額ヲ剰シ予定ノ幹線ノ外南北幹線ヲ布設シ鉄道旅館ヲ完成シ全線延長二百七十二哩ヲ九年ヲ以テ完結ヲ告ゲ、其収入亦予想外ニ在リ

図7-4　台湾縦貫鉄道全通記念絵葉書　左は佐久間左馬太新総督、右はすでに満鉄総裁となっていた後藤（江戸東京博物館蔵）

台湾鉄道工事の困難さは世界でも例をみないほどのものである。まことに幸いなことに長谷川部長が当時技師長として指揮にあたり、その経営も素晴らしいものであった。地形は険悪であり、毒を含んだ大気が辺りを覆い、しばしば匪賊の襲撃を受けそれと闘い、港湾施設の不備による資機材の搬送の難業を克服し、日露戦争に際しては事業繰延の危機を乗り越えて事業を推進し、幾度の失敗にもめげずくじけずひたすら事業に邁進し、ついに予算に余剰を残

し、予定されていた南北縦貫鉄道その他の鉄道を建設し、ホテルを完工し、二七二マイルの全線を完結し、収入もまた予想以上のものをあげたのである。

この時点で長谷川は鉄道部長となっており、型式通りの鉄道工事報告を行なった。次いでこの式典の主賓・閑院宮殿下から令旨を賜った。令旨とは皇室による奉書形式の文書のことである。『資料』には次のように記録されている。

其成績ヲ按ズルニ用工ノ年月ハ予定ヨリ短縮シ築成ノ路線ハ遥ニ予期ノ外ニ出テ而モ其収入ハ正シク当初ノ予算ニ倍蓰ス。是皆技師長以下庶僚ノ黽勉拮据ニ由ル

その成果を思うに、工事の年月は当初の予定を短縮し、建設は予期された日程よりはるかに早期に終了し、しかも鉄道収入は当初予算を倍するものであった。これらはすべて技師長以下関係各位の尽力によるものである。

総督の式辞に「其収入亦予想外ニ在リ」、閑院宮殿下の令旨には「其収入ハ正シク当初ノ予算ニ倍蓰ス」とある。

総督府資料によれば、総延長は明治三十二年の二万二〇〇〇マイルから明治四十年の九万八〇

〇〇マイルに延びる一方、総収入から総支出を差し引いた「損益」（純収入）は、起工以来の三年間はマイナスであったものの、明治三十五年から竣工の明治四十年にいたるまで毎年大きくなるプラスであった。総督の式辞では長谷川の名前があげられ、皇室の令旨でも職名にまで言及されて業績が讃えられた長谷川は涙こぼるる感銘を覚えた。

第八章　傷　心

——頓挫する厦門出兵

三国干渉から北守南進へ

李朝時代の朝鮮は「清韓宗属関係」のもとにあった。朝鮮は清国を「宗主国」とし、みずからをその「服属国」とする、そういう君臣の関係にあった。朝鮮は清国への服属の証として中華の礼式に服し、みずからの年号や王位や爵位はこれを清国から授けられ、そうして民の統治を委ねられるという関係にあった。

朝鮮もその末期にいたるや、王朝は疲弊し大逆や内乱が頻出、そのたびごとに「属領保護」を大義名分として大量の清国兵が朝鮮に派された。

対馬海峡ひとつ隔てれば九州である。朝鮮を清国から独立させ、清国の勢力圏から離脱させることが日本の自衛のためには急務だと考えられたのである。

帝国主義列強の「西力東漸」、激しいアジア進出の時代であった。

清国は列強により沿海部主要都市の開放を強要されて、ここを租界地とされるという亡国的状況におかれた。清国はこれに抗するには、改めて軍事力の増強を図るしかないとして艦船購入に乗り出した。朝鮮をうかがう日本と干戈を交えんとする機運は、清国においても強まっていたのである。かくして日清戦争が勃発したのだが、日本の勝利に終わった。

勝利の結果として日本が得たものの第一が、清韓宗属関係の切断であった。日清講和条約第一条にはこううたわれた。

清国ハ朝鮮国ノ完全無欠ナル独立自主ノ国タルコトヲ確認ス。因テ右独立自主ヲ損害スベキ朝鮮国ヨリ清国ニ対スル貢献典礼等ハ将来全ク之ヲ廃止スベシ

そして、第二条により、台湾、澎湖諸島、遼東半島が日本に割譲されることになった。遼寧省先端部のこの遼東半島をめぐって、極東アジアの近代史の舞台にもう一つの大国・ロシアが登場する。「三国干渉」の主役としてである。

帝国主義時代の国際環境とはかくまでかと思わされるものが、日清講和条約がなった直後の三国干渉であった。講和条約の成立が明治二十八年（一八九五）四月十七日、そのわずか一週間後に三国干渉が始まり、遼東半島の清国還付の閣議決定が五月四日になされた。

日本は朝鮮を清国から独立させて独自の支配権を握り、加えて遼東半島を掌中にした。このことをロシアはみずからの南下政策を阻害するものとみなした。ロシアがいずれ厳重な警告の挙に

出ることを日本の指導部は予想していた。とはいえ、あまりに唐突な干渉であった。日清戦争により国力を蕩尽(とうじん)し、いまだ澎湖諸島への侵攻中の時点で加えられた三国干渉は日本の首脳部を徹底的に困惑させた。

三国干渉とはいっても、主役はロシアである。フランスは、露仏同盟の締約国であるがゆえにロシアに引き込まれ、ドイツは、ロシアが日本と対峙して極東でことを構えればヨーロッパにおけるみずからの権益へのロシアの脅威が減じると考えてこれに加わったのである。

三国干渉を受けて後、日本の指導部の外交方針は「北守南進」へと転じていった。

三国干渉の後、ロシアの南下政策はいよいよ露わとなってきた。日本は新たに支配権を確立した朝鮮の独立を守り固め、朝鮮の向こうの満洲に勢力を伸ばそうとするロシアを制止しなければならない。「北守」は日本にとっての絶対的な課題となった。

その一方、日清戦争に勝利した日本は、新たな膨張の場を南方に求めた。「南進」である。この考え方を最も鮮明に打ち出したものが、第二代台湾総督に命じられた桂太郎の「台湾統治意見書」であった。総督就任を機に桂は、伊藤博文、西郷従道、後藤新平などとともに台湾を視察、その直後に台湾統治のための基本的文書として認めたものがこの意見書である。後藤が「台湾統治救急案」を起案するに際して大いなる影響を受けた文書として、すでに第二章で指摘した文書でもある。しかし、桂の意見書のポイントは南進論にある。

桂は北守南進という概念を明確に打ち出して、こういう。

我日本帝国は前に日本海の安然を保ち、朝鮮半島を控制（こうせい）し、浦塩斯徳（ウラジオストック）港の咽喉を扼（やく）せしが、戦後の今日時勢一変、所謂北守南進の策を執り、日本海の区域は遠く支那海の区域に進め、其沿岸各地に向て進取の計画を立てんと欲するに在り

わが日本帝国はすでに日本海の安全を確保し、朝鮮半島をコントロールし、ウラジオストック港というロシアの喉もとを押さえている。日清戦争後の今日、時勢は一変しており、いわゆる北守南進政策を取り、日本海を延伸させて東・南シナ海につなげ、その沿岸各地に向かってみずから進むという計画を立てなければならない。

南進はまずは台湾である。ここを起点として厦門を中心とする南清一帯、さらには南洋諸島へと向けて国威発揚を図るべしとし、さらに次のようにいう。

熟（つらつ）ら惟（おも）ふに台湾の施設経営は、単に台湾の境域に止らず、更に大に対外進取の確策なかるべからず。抑（そもそ）も台湾の澎湖列島を挟みて南清の沿岸と相対し、而かも厦門の要港に交通し、以て南清一帯の地と関係を保ち、南は南洋諸島に連（つらな）りて、遠く南海を制するの形勢は、恰（あたか）も日本海

に於て九州の対馬を介し、朝鮮半島と対峙し、釜山港と交通密接し、以て半島を控制するの形勢に彷彿たり。既往は独り日本海の安然を維持し、而して国威の失墜無しと雖も、将来は更に進んで支那海を圧し、南清の沿岸と密接し、南洋の列島と交通し、台澎の地の利に拠て以て大に国勢伸張の策を採らざれば、遂に百年の憾みを遺すに帰せん

つらつら思うに、台湾を建設・経営するには単に台湾という一地域にとどまらず、さらに大きな対外進出のために台湾を確保するということでなければならない。そもそも台湾島は澎湖諸島を挟んで清国南部の沿岸に相対している。しかも対岸には厦門という要港がある。厦門と交流することによって南清一帯との関係を保ち、南洋諸島に連なり、はるか南海を抑えるという地勢に恵まれている。これはあたかも九州が日本海において対馬と相対して朝鮮半島にまみえ、釜山港と密接に交通し、これにより半島を制することができるのと相似たものであろう。これまではただ日本海の安全を確保・維持するだけであった。これで日本の国威の失墜はなかったものの、今後はさらに進んで東・南シナ海を抑え、南清沿岸部との密接な関係を保ち、南洋諸島と交流し、台湾・澎湖諸島の地の利をもって大いに国勢伸張の策を採るのでなければ、国家百年の憾みを後世に遺すことになってしまいかねない。

台湾は、福建や広東からやってきた人々の織りなす移民社会である。泉州、漳州、客家など移住してきた人々からなる集団が族群である。台湾と南清地域との人的・物的交流は密度が濃い。

実際、日本がここを自国領とするまで、台湾は福建省台湾府として清国の一地域であった。福建や広東を故郷とする者、先祖の墳墓をもつ者が多い。台湾の統治は南清沿岸部と切り離しては不可能である。

「小日本主義」という用語がある。これは明治から大正にいたる時期、軍事力による対外膨張主義へのアンチテーゼとして提唱された一つの観念である。しかし、日清戦争に勝利、三国干渉によって屈辱を飲まされたとはいえ、日本の国威発揚のあの時代にあっては、小日本主義などという気分は国民の中にはなかった。膨張こそがこの時代を物語るキーワードだった。桂の意見書もこの国民的気分をすくいあげたものだといっていい。

児玉南進の意図

児玉は盟友・桂太郎の南進論を継承した。明治三十二年（一八九九）六月の児玉による「台湾統治ノ既往及将来ニ関スル覚書」には、桂の南進論がよく生かされており、さらに台湾統治成功のためには対岸経営に実を収めるべきことを力説している。ポイントは以下の二つである。

南進ノ政策ヲ完ウスルニハ、内統治ヲ励シ、外善隣ヲ努メ、可成国際上ノ事端ヲ生ズルヲ避

ケ、対岸清国並ニ南洋ノ通商上ニ優勢ヲ占ムルノ策ヲ講ズル事
本島民ヲ統治スルノ、全効(ぜんこう)ヲ収ムルニハ、唯島内ノ鎮圧ト其民心ノ収攬(しゅうらん)ノミヲ以テ主眼トスベカラズ。必ズ対岸福建省、殊ニ厦門ノ民心ニ注意シ、其帰向(きこう)ヲ察シ、反射的ニ島民ノ安堵ヲ図リ、統治ノ目的ヲ達スル方針ヲ採ルベキコト

南進政策を完全なものにするには、台湾内の統治を励行し、外国との善隣に努め、できるだけ国際上の軋轢(あつれき)を回避し、南清地域や清国、南洋との通商面において優勢な力を発揮するための政策を実行に移すことが肝要である。

台湾島民の統治に効力を発揮するには、島内の暴力を収め、島民の心を捉えることが必要だが、これだけを主眼とすべきではない。対岸の福建省、特に厦門の人々にも関心を寄せ、厦門の人たちの心が向かう方位を見据え、台湾島民に安堵の気分を誘い、そうして台湾統治の目的を達成するという方法が採用されなければならない。

台湾と福建との交流をより確実なものにするには何が必要か。児玉の方針は具体的であった。一つには、台湾にはその地形上の特性ゆえに良港がないが、他方、長い歴史をもつアジア有数の良港・厦門が福建にはある。厦門を台湾の付属地として大いに活用すべきである。二つには、台

湾銀行の支店を厦門に開設すべしという。厦門支店が開かれれば為替取引が可能となって商品貿易の活性化に寄与するのみならず、近代的な銀行制度に恵まれない清国人が預貯金をこの支店を用いて積極的にやるようになろう、というのである。

児玉の意見書はさらにいう。総督府の吏員を厦門の領事館に常駐させるべきこと、厦門に特務機関を設置すべきこと、李鴻章や左宗棠（さそうとう）らの洋務派官僚によって福州に建設された造船所の経営が危ういのでこの造船所を買い取って再建すべきこと、また福建省の鉱山開発について調査し、日本語学校をも設立すべし、と多岐に及ぶ。児玉にとって南進への関心がいかに強いものであったかがうかがわれる。

「帝国南進ノ前駆」

児玉の対岸経営策が具体性をもったのは、後藤新平の建議のゆえである。後藤は民政長官着任以来、対岸経営に深い関心を寄せ、終始事実を丹念に分析、逐次児玉に伝えていた。後藤は児玉に「厦門支店設置ニ関スル意見書」を提出した。

後藤は台湾と厦門との関係は、「恰モ一国内ニ於ケル関係ト異ナル所ナキノミナラズ、台湾経済ノ中心ハ却テ対岸地方、即チ清国ニ在リト云ウモ不可ナキヲ認メタリ」という。

さらにこういう。とかく人は厦門の「商権」を台湾に移譲させればことはすむと考えがちだが、そんなことは得策ではない。香港が中国大陸の商権を握ることができたのは一朝一夕のことではない。長い歴史の蓄積がそこにはあり、香港の繁栄はその結果である。厦門の優位性を奪うことができないのは、香港の地位を奪うことができないのと同様のことだという。

図8－1　台湾銀行厦門支店

理をわきまえた合理的な判断をもって後藤は対岸を見据えていた。そして後藤は台湾銀行厦門支店を「帝国南進ノ前駆」として位置づけることに努めた。

福建は他の列強の干渉を受けることのない日本の影響圏の中にあった。日本は清国との間に、明治三十一年（一八九八）四月に「福建省不割譲条約」をすでに締結していた。清国はフランスとの間で海南島、広東、広西、雲南の不割譲条約を、イギリスは長江流域の不割譲条約を結んでおり、日本もまた福建省という大陸の一角にその利権確保の場を得ていた。

〝ならば〟と後藤はいう。福建においては「腕力ヲ以テ土地人民ヲ侵略スルニアラズシテ、金力ヲ以テ土地人民ヲ占領スル」ことが得策であり、「戦略ハ変ジテ商略トナルコト争ウベカラザルノ事実ナリ」という。台湾の領有だけが問題であれば、「台湾拓殖」に力を注ぐだけで十分だが、日本が北守南進を国是としている以上、話が台湾だけにとどまっていいはずがない。そういって後藤はさらに次のようにも語る。

苟モ帝国ニシテ、北守南進ヲ以テ国是ト為シ、帝国ノ恩沢ニ浴スルモノ独リ台湾人民ニ止ラズ、台湾ノ占領ハ一ノ「ステーション・コロニー」ノ適地ヲ得タルノミニシテ、支那南部ヲ初メ南洋諸島ノ人民モ、亦能ク帝国ノ恩沢ニ浴セシムルノ大図ヲ完ウセント欲セバ、一日モ速ニ卑見ヲ採用シテ、之ヲ断行セラレンコトヲ希望シテ止マズ

かりそめにもわが国が北守南進を国是としている以上、わが国の恩恵を受ける者が台湾人民だけでいいわけがない。台湾の占領とは一つの「ステーション・コロニー」の適地をここに得たということであり、大陸南部をはじめ南洋諸島の人民もまたわが国の恩恵に浴させねばならない。この大方針を完全なものとして貫こうというのであれば、一日もはやく私の建議を採用して、これを断行するよう強く希望する。

ここでいうステーション・コロニーとは、先に述べた「帝国南進ノ前駆」といった意味にちが

いない。ステーション・コロニーの中核、台湾銀行厦門支店は明治三十三年四月一日に開設された。

義和団の余波、南清に及ぶ

後藤は福建省視察のために淡水港を出発。厦門、福州、漳州をめぐる一ヵ月の視察旅行に出た。後藤が台湾にもどってしばらくの後、中国に激震が襲った。「義和団の乱」勃発である。義和団は「拳匪（けんぴ）」と呼ばれ、独特の拳法をもってすれば敵の打つ矢、銃弾があたっても刀を振られても傷つくことはないと信じる新興宗教集団である。「扶清滅洋」をスローガンに掲げる排外主義的集団であり、列強に国土を簒奪（さんだつ）された屈辱が一般国民にまで波及したことを証す反乱でもあった。列強による鉄道建設が外国製品の大量流入を招き、これが清国の在来産業や流通業を衰退させていた。

義和団の乱は、明治三十二年（一八九九）三月に山東省で発生、北清地方の全域に及んだ。「義和団事変」とも「北清事変」とも呼ばれる。反乱民が奉天付近で鉄道を破壊、キリスト教会を焼毀（しょうき）、乱は満洲北部に飛び火、馬賊や清国兵までを巻き込んで吉林省に入り、再び北進して愛琿（あいぐん）にいたり、黒竜江省対岸のアムール州都において火薬庫を破壊、ロシアの将卒を殺害した。勢いを駆って黒竜江を航行する船舶を阻止、ハルビンでは鉄道を破壊、旅順との通路を遮ったりした。

報を受けて後藤の胸中を走ったのは、乱の波が南下して福建・広東に及びかねないという深い憂慮であった。児玉は乱発生時には上京中だったが、ただちに帰台、後藤ともども事態への対処に熟考を重ねる。

北京には列国公使館区域がある。各国は艦船を北京に向けるにちがいない。その時、日本はどうする。台湾はどう動くべきか。各国の軍艦が北京に向かって舵を取ったとの報が児玉・後藤のところに届く。

乱徒は北京の公使館地域を取り囲む。反撃する連合軍は兵站が尽き万事休すの事態となった。日本公使館書記生の杉山彬、ドイツ在清公使クレメンス・フォン・ケッテラーが殺害された。列国の中で北京、天津に最も近い日本からの援軍に頼るより他に策はなかった。時の駐露公使・小村寿太郎は列強の視線を鋭く察知、日本は援軍を出すべしと次のように説いた。

我が国にして若しこの好機に乗じ列国と懇切なる共同の動作に出るの精神を以て敏活確実な挙措を執るに於ては、清国問題を解決するの際、欧州連合の間に立ちて優勢を制するを得べしと信ず

日本の第一次、第二次派遣隊が相次いで出陣。北京列国公使館の居留民を救助して乱の鎮定に大きく寄与した。

児玉は乱の勃発、列国艦船出動の報を聞くに及び、厦門の制圧を決意した。ここで座視していたのでは、列強との関係において日本が後塵を拝するという小村と同様の危惧からだった。

図8－2　義和団の乱　紫禁城内に集まった連合軍

実際、乱は福建にまで及びつつあった。乱鎮圧を名目にロシアは遼寧省の海港・牛荘を占領、イギリス、フランスは上海に兵を進めた。この三国の行動が他の列強を刺激した。乱は長江を越えて南下の兆しをみせ、南清に及ぶ気配が濃厚となった。南清の不穏な情勢は福州領事を経て児玉に逐一打電された。日本公使館員、ドイツ公使館員殺害のニュースは福建省の各国領事の知るところとなり、各国とも居留民保護の態勢に入った。

上野専一厦門領事から後藤に送られた報告が鶴見祐輔著『正伝　後藤新平』に掲載されている。厦門の清国人学校の激昂した学生たちが、〝乱の機に乗じて台湾を清国が取りもどすべし、四ヵ月以内に台湾を清国領として恢復せよ〟と叫んだという。後藤の不安は一挙にふくらむ。

> 台湾ノ割譲ハ如何ニ頑冥ニ彼等ノ脳中ニ印セシヤ。本地ニハ尚台湾恢復ナド云エルコトヲ夢ル痴漢モ往々有之、何ニカ動機サエアレバ、必ズ恢復ノ二字ヲ唱エ居ル事推シテ知ルベキ儀ニ有之候

台湾の割譲がいかに頑迷に彼らの脳中に刻印されていることか。厦門には今でも台湾回復などということを夢想する愚か者も往々にしてみかける。何かのきっかけさえあれば、彼らは必ずや回復の二字を高唱するであろうと、これは考えておかねばならないことだ。

日本は八ヵ国連合軍の先陣として戦い、乱を収める主役となった。乱の余波が台湾対岸にまで及んできたというのであれば、軍事的手段に訴えるのは当然だという判断に児玉はいたり、後藤も児玉の判断を了として揺らぐことはなかった。「厦門出兵」である。

煮え湯を飲まされる児玉

児玉の判断は迅速であり、行動は果敢をもって知られる。しかし、生粋の軍人である。組織の

統率を最も重要なものと考える点において、児玉は純粋、無垢なまでの軍人であった。指揮系統にそぐわない行動を取ることは絶対にしない。この点において児玉は、後の関東軍における石原莞爾などとは決定的に異なる。

陸軍大臣・桂から次の打電があった。「勅ヲ奉ズ。左ノ訓令ヲ伝達ス」から始まる。「勅」、天皇の命である。これ以上のものはない。こう記されていた。

今後或機会ニ際スレバ、我帝国ハ、厦門港ヲ占領スルノ必要ヲ認メ、此レガ為メ本月十四日、海軍大臣ハ在厦門和泉艦長ニ、予メ厦門砲台ヲ占領スル計画ヲ為シ、機会至ラバ速ニ兵員ヲ上陸セシメ、該港ヲ占領スベキ旨訓令セリ。因テ貴官ハ、和泉艦長ヨリ請求アレバ、速ニ其地駐屯諸隊ノ中ヨリ、歩兵一大隊、砲兵二中隊、工兵一中隊以内ノ兵員ヲ適宜厦門ニ派遣シ、海軍ト協力シテ、其目的ヲ達セシムル様、予メ準備シ置クベシ

派遣隊編成、輸送準備を着々と進め、「和泉」艦長の指示を待つのみの態勢を整えた。その最中、海軍大佐・広瀬勝比古が海軍大臣・山本権兵衛の訓令を携えて総督府を訪れた。

「私はこれから密偵として厦門に赴き、派遣隊上陸の下準備に入ります」

児玉は同席する後藤にいう。

「後藤君、君も万全を期すために、大佐に同行して厦門上陸の準備に入ったほうがいいんじゃな

いか」

「はい、私もそのつもりでおります。この機会です。策に万が一の不備があってはなりません」

後藤は広瀬と連れ立って台北を経ち、淡水港を経て厦門に向かおうとしていた。厦門領事からの打電が総督府を経て後藤のところに届く。乱徒が厦門の本願寺布教所に火を放ったというではないか。放火事件は明治三十三年（一九〇〇）八月二十四日の夜中のことだった。

後藤と広瀬は報に接したものの、風浪激しく淡水港の艦上で身動きできずにいた。後藤は、〝なんということだ。だが、待てよ、これで派遣隊上陸の機は熟したのではないか〟と考えた。

日本海軍は「和泉」の他に「高千穂」を厦門港外に遊弋（ゆうよく）させていた。高千穂の艦長からは本願寺布教所焼失を機に日本軍上陸の噂が住民の間に急速に広がり、厦門は騒然たる状況となっている、事態収拾のために至急出兵の要ありと児玉に打電してきた。

児玉は駐屯部隊に出動を命じた。二十八日午前九時に「宮島丸」により歩兵二箇中隊を派遣。「台南丸」「明石丸」も出港の準備を整えた。

しかし、その直後、児玉は桂よりの打電に接した。

砲台占領ヲ実行スルハ、我政府ニ於テ未ダ時機ニアラズト認ム。故ニ陸兵其港ニ到着セバ、高千穂ノ錨地付近ニ停泊セシメンカ、港外ニ於テ運送船ニ訓令シ、一時膨湖島ニ停泊セシメ、時機ノ熟スルヲ待タシムベシ

〝いったい、どういうことか。奉勅によって訓令されたことが、どうしてこんなに簡単にひっくり返ってしまうのか〟

児玉は啞然とすると同時に、久しく味わったことのない憤怒に襲われた。今、厦門に足をかけようとしている、その直前に足止めを食わされ、澎湖島に引き返して待機せよとは。

〝ひょっとしてこれは待機命令ではなく、上陸中止の命令なのではないか〟

あまりにひどい。こんなことで総督が務まるか。煮え湯を飲まされる思いだった。

さりとて、自分は組織人だ。組織人の中の組織人だ。大臣の命に反して上陸するということになれば、組織人たる自分の生命の終わりだ。児玉の進退はきわまった。こんな酷い情念に身を焼かれたことは児玉にはかつてなかった。

厦門にいた後藤は、桂から高千穂艦長に待機命令がだされたことを知り、ただちに児玉に打電。

「時機ヲ逸スルハ占領ノ時機ヲ失ウベシ」

児玉の判断で上陸を敢行してほしいという、哀訴の電信だった。

「其職ニ留マリ朕ガ意ヲ安ンゼヨ」

後藤は高千穂艦長、領事とともに事態の変化を逐次分析していた。日本兵上陸の情報を受けてアメリカ、フランス、イギリスの艦船が厦門に向かう可能性がある。いや、もう回航を始めたようだ。だとすれば、ここは機先を制して日本軍が厦門砲台を占領しておくことが肝心だ、この機を逃しては危ない。児玉から上陸命令を出してもらうより他に手はない。後藤の打電はその意をこめてのものだった。

〝できればそうしたい。だが、中央の意に反して行動するとなれば、自分はもはや軍人ではない。後藤、君の気持ちは十分すぎるほどよくわかる。だが、この俺には待機や上陸中止より他に選択肢はない〟

そうつぶやき、児玉は、悄然（しょうぜん）、派遣部隊の澎湖諸島への引き揚げの命を下す。

児玉はこの時ほど桂を恨めしく思ったことはなかった。そもそも「南進論」の論客は桂ではなかったか。日本軍の厦門上陸が列強の反発に遭うことはわかりきっている。わかりきったことをわかったうえでの奉勅ではなかったのか。

日本軍の厦門上陸の失機により、列強と清国が勢いづくのは当然ではないか。日本の弱腰が見透かされたのではないか。児玉の予感通り、イギリス、フランス、ロシアの軍艦が厦門に直行しているとの報が入る。何より乱徒が厦門市街を横行するにいたった。厦門は日本の影響圏から離脱させられようとしていた。日本の不作為はいずれ台湾に及んで、台湾における日本の統治をさえ危うくするかもしれない。

台湾総督辞任やむなし、児玉は決意した。

児玉は「総督願意」を首相・山県、内務大臣・西郷宛に認め、これを後藤にもたせて上京を命じた。

此回厦門地方ニ於ケル帝国ノ威信ヲ墜シ、延テ台湾統治上ニモ少カラザ(ママ)影響ヲ及ボスニ至レリ。是総督不明ニシテ、政府訓令ノ主旨誤解シタルノ致ス処ニシテ、深ク恐縮慚愧(ざんき)ノ余、左ノ二件ノ一ヲ哀願ス

一　転地療養

一　辞　　職

当時は閣外にあったものの、伊藤博文の影響力には依然として強いものがあった。伊藤は元来が山県などの「対外硬」とは対照的だった。伊藤が列強の干渉を嫌って厦門出兵に反対、閣議を

動揺させたのである。日露戦後の満洲での国際協調と同様、伊藤のこの面での頑固さには際立って強いものがあった。奉勅が出ているとはいえ、この機に列強の反発を受けて何の得策かと伊藤は激しく山県と桂に迫り、山県と桂が折れて厦門出兵は頓挫したのである。

しかし、児玉の辞職提出に山県と桂は窮地に陥る。

山県は児玉慰留のために厦門出兵再挙の可能性を後藤にほのめかす。後藤はいう。

「機は失したのですよ」

内閣の決定に後藤は呆れ、帰台の準備を整える。あの総督なくして台湾統治をどうするか。山県と桂は嘆息する。児玉辞任問題によって内閣は瓦解の寸前にまでいたる。

明治天皇によるご聖断が降る。後藤は九月十五日に参内、拝謁を仰せつけられ、陛下から御学問所内で御沙汰を受けた。陛下による直々の御沙汰は破格のことだった。ご趣意は大略次のようなものだったといわれる。

〝児玉の病気が職に耐え得ないのであれば在職のまま静養すべし、台湾は帝国にとって不可欠のものであるから総督の職にとどまるべし〟というものであった。

其職ニ留マリ朕ガ意ヲ安ンゼヨ

後藤は御学問所の床の一点をにらみつけて感涙をこらえる。
帰台して後藤は児玉に伝える。
児玉は総督室で、ひとり男泣きに泣く。

終章　残照

満鉄──「政治及軍事ニ関係セザル如ク仮装セザルベカラズ」

義和団の乱の後、ロシアの南下政策は一段と露わになった。日本の朝野の関心もまた対露問題に向かっていった。

日清戦争勝利によって掌中にしたはずの朝鮮の独立は、朝鮮政府内の親露派の台頭により危ういものになっていた。三国干渉により日本が清国への還付を余儀なくされた遼東半島はロシアの租借地となった。日本が苦難の日清戦争により獲得した権益が次々とロシアの手に落ちていった。

明治三十六年（一九〇三）十月一日、児玉は思いもかけない報に接する。日露作戦計画を一人担っていた陸軍参謀本部次長の知将・田村怡与造（たむらいよぞう）の急逝である。

かつての参謀総長の大山巌による推挙をもって、児玉が田村の後を襲い参謀次長となった。

明治三十七年二月、日露戦争勃発。児玉参謀次長は満洲軍総参謀長として出征。戦争は最終局面、明治三十八年五月の日本海海戦により日本の勝利に終わった。日本海海戦における敗北によりロシアの戦意は消沈。講和へと傾いた。野心家のアメリカ大統領セオドア・ルーズベルトは日本の勝利に歓喜し、講和会議への道を開く準備に入った。連戦連勝の報に沸く日本の世論は戦争の続行を希望したが、日本の戦力はこのあたりで尽きていた。

大山巌は奉天会戦の直後に児玉源太郎を東京に遣わし、陸軍の戦力は限界にきており、継戦は日本を不利化するとの情報を桂太郎に伝えた。海戦に敗れたとはいえ陸軍にまだ余力をもつロシアは、陸戦に日本を引き込めば勝利の機会がある。実際、ロシア皇帝は、日本はまだロシア領土の寸毫(すんごう)をも手にしていないではないかと主張、世界最大の陸軍大国ロシアの面目にかけてもみずから講和を働きかけることを潔しとはしなかった。

ここにいたって、時の外務大臣・小村寿太郎はルーズベルトに講和を要請。大統領はニコライ二世に対して、日露戦争におけるロシアの敗北はもはや明らかであり、継戦はロシアの領土を失う危険性が大であると説き伏せ、ついにロシアも講和会議開催の勧告にしたがうにいたった。

ポーツマス条約の締結は明治三十八年九月五日であった。その六日前の八月三十日に、後藤は宇品港から奉天に向けて出発した。奉天の満洲軍総参謀部の児玉に会うためだった。夏の海は静かだった。九月二日の正午過ぎに大連着、四日には遼陽を経て午後、奉天駅前に差し向けられていた馬にまたがり、従者ともども総参謀部に向かう。やがて日章旗を交差させる門を入って、数十歩のところにある粗末な屋敷の土間にいたる。土間つづきの一室で児玉は後藤を待つ。

後藤の感激はいかばかりだったか。鶴見祐輔『正伝 後藤新平』(第三巻)には、この時の感激を伝える後藤の漢詩が載せられている。

元戎百万奉天城　敵軍百万　奉天城
秋到星門金気清　軍門に到り　秋気清し
衛士不知布衣客　衛士は知らず　平服の客
誰何策馬入軍営　誰何され　馬鞭打ちて軍営に入る

翌日の五日には大山巌の招宴を受け、当夜、児玉と「前途協議」をすませ、六日の午後十二時半に奉天駅で鉄道に乗り、営口、天津、山海関、天津、北京、旅順、二〇三高地を経て、平壌、京城、釜山、門司、広島、似島、大阪とたどり、十月三日に帰京。一ヵ月余の旅程だった。

後藤が児玉を訪れた目的は何だったのか。

ポーツマス条約第三条では、「遼東半島租借権ガ其ノ効力ヲ及ボス地域以外ノ満洲ヨリ全然且同時ニ撤兵スルコト」が約されている。日露両軍は一定の期間内に撤兵し、日本の満洲での軍政もやがて終焉する。撤兵後の満洲をどう経営すべきか。台湾統治に実績をもつ後藤は、このことを児玉に伝えたかったのであろう。

「満洲経営策梗概」という後藤の文書がある。「ポーツマス条約締結以前ニ於ケル故児玉大将ノ立案」というカッコつきのサブタイトルが付されている。執筆の日時は入っていない。後藤が児玉になりかわって当時の児玉の明察を誇った文章なのであろう。

そこにはこう記されている。

戦後満洲経営唯一ノ要訣ハ、陽ニ鉄道経営ノ仮面ヲ装イ、陰ニ百般ノ施設ヲ実行スルニアリ。是ノ要訣ニ随イ、租借地内ノ統治機関ト、獲得セシ鉄道ノ経営機関トハ、全然之ヲ別個ノモノトシ、鉄道ノ経営機関ハ、鉄道以外毫モ政治及軍事ニ関係セザル如ク仮装セザルベカラズ。租借地ノ統治機関ハ、目下詮議中ノ遼東総督府ヲ以テ之ニ充ツ。鉄道ノ経営機関トシテ、別ニ満洲鉄道庁ヲ起シ、政府直轄ノ機関トシ、鉄道ノ営業、線路ノ守備、鉱山ノ採掘、移民ノ奨励、地方ノ警察、農工ノ改良、露国及清国トノ交渉事件並ニ軍事的諜報勤務ヲ整理セシメ、兼テ平時鉄道隊技術教育ノ一部ヲ担任セシムベシ。

日露戦後の満洲経営の最も重要なポイントは、表では鉄道経営の仮面を装い、裏ではさまざまな政策を施してこれを実行することにある。

このポイントを踏まえて、租借地内の統治機関と、獲得した鉄道の経営機関とはまったく別個のものとして扱い、鉄道の経営機関は鉄道以外の政治や軍事にはまったく関係ないもののごとくに仮装されねばならない。

租借地の経営機関は、現在審議されている遼東総督府をもってその局にあてる。

鉄道の経営機関としては、別に満洲鉄道庁を設立してこれを政府直轄のものとし、そのもとで、鉄道の営業、線路の守備、鉱山の採掘、移民の奨励、地方警察、農工業の発展、ロシアおよび清国との交渉、さらには軍事的諜報活動などを総合的に展開させ、また平時にあっては鉄道隊への技術教育の一部を担わせる。

満鉄経営論の嚆矢（こうし）はおそらくこの文章なのであろう。後の日本の満洲経営が大略この方向で進んでいったことを顧みるならば、これは後藤の画期的な文章の一つだといっていいであろう。また、これを児玉の意見だと付したところにも、二人の関係がいかなるものだったかが想起されよう。

明治三十九年（一九〇六）五月二十二日には、元老の首席・伊藤博文が司る「満洲問題に関する協議会」が首相官邸で開かれた。伊藤以下すべての重臣・閣僚を網羅する画期的な協議会であった。児玉も参謀総長としてこの協議会のメンバーだった。

協議会の主催者たる伊藤は、軍政はできるだけはやく解き、政治組織の中枢を軍政から民政に移すべきだと主張してやまなかった。

伊藤は、日露戦争で日本が勝利したのは、もちろん日本の力によってだが、欧米列強が日本に協力を惜しまなかったからでもある。このことをわれわれは決して忘れてはならないと繰り返した。日本による単独の満洲占領に欧米の指導者が強く反発しており、それゆえ一日でもはやく欧米列強が満洲の権益に関与できるよう、満洲の門戸開放をやらなければならないと激しく論じた。この協議会で伊藤は、日英同盟の同盟国たるイギリスの駐日大使のクロード・マクドナルドはこう伝えているといって、大使の書簡をその場で読みあげた。

日露戦争に際し諸外国が日本に同情を寄せ軍費を供給したるは、日本が門戸開放主義を代表し、此主義のために戦うを明知したるが為なり。然るに、日本の軍事的方面に於て唱道せらる説を聞くに、露国は早晩復讐を企つべきを以て、今日より之に対する設備を満洲に於て為すの必要ありと。此説、或は可ならん。併し乍ら、今日の儘にて進まば、日本は与国の同情を失い、将来開戦の場合に於て非常なる損害を蒙むるに至るべし

この書簡にあるように、日本の指導部が憂慮していたのは、ロシアに復讐戦を挑まれるという悪夢のようなシナリオであった。潜在力において巨大なロシアが、日露戦争とはいえ満洲という僻遠の局地戦で敗北したからといって、それで完全に諦めてしまうとは考えられない。児玉も後藤も事態をそうみていた。

日本が手にした満洲を守り切るには、容易には崩すことのできない確固たる権益を今のうちにこの地で固めてしまわなければならない。日露戦争勝利は継戦能力ギリギリのところで危うく手

にした拾いものではなかったか。この思いは児玉にも後藤にも強いものがあった。

初代総裁

満鉄総裁に誰をあてるか。元老・重臣は一致して後藤新平を推挙した。元老と重臣の全員が人事において一人の人物を推すことなど滅多にはない。

原敬内相から台湾総督府に急電があり、後藤は上京。明治三十九年(一九〇六)七月二十二日のことだった。総裁就任の許諾を求められるにちがいない。後藤はこのことを十分に想像していた。しかし、とてもそうはいかない。容易に引き受けられない。峻拒(しゅんきょ)の意思を後藤は同時に固めていた。

原敬を訪れるや、

「私のところは挨拶だけでいい。火急のことであろうから、ただちに西園寺首相閣下のところにいってください」

といわれる。まるで追い立てられるかのごとくだった。ソファーに座ることもなく首相官邸に出向く。長旅で疲れていることなど忘れられているのか。

その年の一月には、西園寺公望が桂から政権を禅譲されて新たに総理大臣の座を占めていた。西園寺も後藤に会うや核心に入る。

「君、満鉄の総裁になってくれんか」

「急にそういわれても返事のしようがありません」

「君の満洲経営の経綸については、児玉さんから何度も聞いている。この件には山県さんも深く同意しています。児玉さんが守護者として後藤さんをお助けする。台湾であれほどの実績をあげた二人じゃありませんか。何も断る理由などないじゃないか」

「断るとか断らないとかいわれても困ります。満鉄を主管したり監督する部局がどこにあるのか、満鉄を総括する中心点のことについて、私はまだ何も聞いておりません。外地のことですから中央政府の責任者が外務大臣であることは想像できますが、満鉄の監督権はどこなのか。これについても私は知りません。何しろ外地については私は台湾しか知りませんので」

「台湾で実績を残した君だからこそ、お願いしているんじゃないか」

「とんでもないことです。台湾統治の成功を評価してくださることは無上の喜びです。でも台湾については中央政府があまりに無理解で、そのために児玉閣下と私の指導により独自の方法で何とかやりきったというのが実情なんですよ。中央政府の本腰を入れてのバックアップがなけりゃ何もできません。明確な方針を聞いてからでなければ、満鉄総裁のことなど判断しようもありません」

　西園寺は後藤の、首相に対する物言いとしてはいかにも剣呑（けんのん）な主張に押されて匙（さじ）を投げ出したい気分にもなったが、そうはいかない。後藤の最も強い後ろ盾となっている人物に話を聞いてもらうよりほかない。秘書に参謀本部に電話を入れさせる。その日の午後一二時二〇分頃に後藤は児玉を訪れた。

そこから長い議論が始まった。

「西園寺さんが君を説得できなかったらしいが、首相はことを急いてはならないと少し慎重になりすぎたんじゃないのかな。満鉄経営については、私も君と大体同じ考えですよ。同じ考えというより、君が私に吹き込んで私もつくづくそうだと思うようになったんじゃないかな」

「あのロシアだよ。このまま引っ込んでいるとは私には到底思えないのだがね」

＊

明治三十九年（一九〇六）の八月、後藤はこの時の児玉が何を語ったのかを「南満洲鉄道総裁就任の事由書」として草稿した。「事由書」によれば、児玉は後藤にこう語ったという。

日露の衝争は恐らくは満洲の一戦をもってその局を了すべきに非ず、第二の戦争果して何れの年を以て来るべきか、勝算我に在るときは、先んじて以て人を制すべく、勝算未だ立たずんば、持重して以て機を待つべく、仮令再戦して勝を得ざるも、我は猶お善後の余地を留むべく、要するに我は満洲に於て、常に主を以て客を制し、佚を以て労を待つの地歩を占めざるべからず、此を為す所以の要件、一に鉄道経営の巧拙如何に在りとは、此も亦君が持説なりしに非ずや、其然るを得る所以の計は、第一鉄道の経営、第二炭鉱開発、第三移民、第四牧畜諸農工業の施設にして、就中(なかんずく)移民を以てその要務となさざるべからず

日露戦争は、おそらくは満洲での一戦をもって終了したのでは決してない。第二の日露戦争がいずれやってくる可能性がある。日本に勝算がある時には先んじてロシアを制し、勝算が立たない場合には自重して機を待たなければならない。たとえ日露が再び相まみえて日本がこれに勝つことができなかった場合でも、その時の策に余地を残すためには、要するに満洲においてつねに日本が主となり、ロシアを客として扱う。安逸に過ごしては我々は将来、大変な苦労に悩まされることになろう。日本が主となるためには何より鉄道経営の巧拙いかんによるとは、そもそも後藤君、君の持説ではなかったか。それを実現するためには、第一に鉄道経営、第二に炭鉱開発、第三に移民、第四に牧畜・農業・工業の施設の整備、中でも移民が最も重要だと説いたのは君ではなかったか。

後藤が奉天の満洲軍総参謀部を訪れた時に児玉と二人で話し合い、

〝うん、これでいくしかない〟

と決意した文書の内容のことである。

＊

児玉は言葉を継ぐ。

「確か君の意見だったはずだがね。満洲に五〇万人の移民を送り出し、数百万頭の牧畜を営むならば、日露戦争がもう一度勃発しても、わが方はそこを退かず、和を議す機会が必ずや得られる。そのために満洲経営が必要だというのが、君の説だったんじゃないか」

「君が満洲経営の中心が定かではないとか、都督府の力が弱いだのといって総裁の職に就きたくないというのは、それはそれなりに理のある話だが、君がこの難局を回避して、それでその後の君の人生に悔やむことがないのかね。私も今では厭世（えんせい）の気分が強い。このあたりで勇退したいというやみがたい思いもあるんだがね。しかし、満洲問題を解決できないまま場を去るわけにはいかない。やってくれないか。君の思う通りにやってくれ。厄介なことが起こって私がやらなきゃならんことになれば、私は全力で君をサポートするよ」

「現在の情勢は計り知れない危機の連続だよ。間合いをみて、局面が安定した頃を見計らって仕事をするなんてことができる時期じゃない。首相以下、元老・重臣がそろって君を総裁に推挙しているんじゃないか」

それでも後藤は肯（がえ）んじることはなかった。別れ際に児玉はこういう。

「後藤君、君は自説に拘泥（こうでい）しすぎていやしないか。できないという方向でばかりことを考えるんじゃなくて、やってみようという方向で頭をめぐらせてみてはどうかね」

後藤は山県からも総裁就任を強く乞われた。しかし、固辞の決意は石のように固かった。でも児玉からは何かまだ聞き逃したことがあるんじゃないか。心残りが燻（くすぶ）る。児玉邸のほうに足が向きかけたが、しかし、もう夜だ。日を改めようと自宅へ帰った。

翌朝、児玉邸に電話をいれる。女中らしい者が出る。

「まだお休みになっておられます」

そうかと電話を切る。切ると同時にけたたましいベルが鳴る。さっきの女中だった。

「閣下のご様子がなんだか変です。大病かもしれません。すぐにきてください」

後藤は駆けつける。就寝中に脳卒中に襲われ、そのまま息を引き取ったのだという。一室に白い布をかぶせる児玉の遺骸に接し、後藤はただただ悔悛の思いに深く苛(さいな)まれていた。

〝有事であれば断ることもできたが、児玉はもういない。存命しない児玉の「遺言」を断るわけにはいかない〟

いじらしいばかりの思いで後藤はうつむいていた。

〝俺の人生は、児玉という巨魁の掌の中にある〟

〝弔い合戦〟という言葉が後藤の頭をよぎる。やるからには条件がある。かねての懸念を西園寺、山県に伝える。児玉にかわって満鉄創立委員長職にある寺内正毅にも内諾の意を示し、明治三十九年八月一日に満鉄総裁となることを公式に承諾した。

台湾に未練は残る。児玉の後を襲って総督に就任した佐久間左馬太に、新総督のもとで民政長官をつづけるという約束をしていたのだが、これを反故（ほご）にせざるを得ない。そのことを詫びる後藤の書簡に対しての佐久間の返信の、いかにも真性の軍人らしい曇りのない文面に接して、後藤は胸に熱いものを感じる。

> 予は君が所謂部下に人を得るの難きと、君が事に怯（きょう）なるとの理由を以て、辞意の当を得たるものと認むること能わず、所謂殖民政策無中心の疑問の如き、是れ正さに満洲問題が君を要する所以なるのみ、之を極言するに、君にして此の選を避けんと欲せば其辞柄（じへい）なきに苦まざるべし、予は時の為めに謀り、此重任を挈（ひっさ）げて君が平生の義侠に訴え、必ず然諾（ぜんだく）を与えられんことを祈求するの外他計なきなりと

君が部下に優れた人物を得ることの難しさや、君がことにのぞんで慎重だという理由で辞意を表することは当を得たものではないと私は考える。いわゆる殖民政策に中心点がないのではないかという君の疑問は、それ自体、満洲問題が君を必要としている理由なのではないか。極言するならば、君がこの選択を避けようとするならば、その口実が将来、君を苦しめることになるのではないかと思う。私は時勢のことを考え、かつこの重い責任を引っさげ君が日頃の義侠心にめざめ、必ずや総裁の件を承諾してくれることを祈るばかりである。

「此の選を避けんと欲せば其辞柄なきに苦まざるべし」

この一言の中に後藤は、

〝そうなんだ、そうなんだよな〟

という気分を改めて掘り返す。

七月二十二日に台北から上京、総裁就任の意思を固めたのが八月一日。この間わずか一〇日。この翻意に、後藤は、自分の、というより人間の心の変化の激しさを思わずにはいられなかった。児玉の急死は後藤の人生の、似島での検疫事業を児玉から任された時、台湾総督府民政長官に抜擢された時と比べても、それに匹敵する、あるいはそれを上回るほどの大事であった。

〝俺の人生は、児玉という巨魁の掌の中にある〟

罵倒する後藤

後藤の政治的人生の青春は、こうしてあっけないほどの短い時間の中で打ち過ぎていく。意気は軒昂だったものの、着任後、半年を過ぎたあたりからの後藤の言説には、怒りや愚痴、不平や不満が満ちてくる。予想通りでもあったが、どうにも個人の力では事態は動かしようがない。後藤五十歳、男盛りとはいえ、盛んな意気をくじくものばかりだった。

日露戦争勝利の主役は軍人である。満洲で手にしたものは遼東半島の租借地であり、ここを統治していたのは軍部である。

しかし、ポーツマス条約では、日露両軍は一定期間後に満洲から撤兵することが約されている。軍政はほどなく民政へと転換させねばならない。わかっていることだが、おびただしい数の兵士の犠牲の代償を支払って得たこの地から軍人の力を排除することの難しさは言語を絶するほどのものだった。台湾の統治初期、樺山、桂、乃木の三代総督による武断統治の時期を経て、民政に重点をおく文治的統治へと舵を切ったのは、児玉である。権力と権威において他にならぶものなき児玉の果断があったからこそなしえたことだが、その児玉はもういない。

軍部を代表する都督府、外務省の出先機関の領事館、この二つにはさまれて新たに生まれた一つの株式会社の満鉄が地歩を確立することは難業であった。後藤はこれが難業であることを十分に知ってはいたが、民政へと転じるに際しての軍部の頑強な反発は、生半(なまなか)なものではなかった。後藤は元老・重臣に働きかけて満洲における軍部の牙城・都督府の顧問兼任を手にした。しかし、満鉄は株式会社である。そのために総裁といえども、天皇の親任を経て任命される親任官ではない。都督府顧問といってもその権威にはさしたるものがない。

旅順。遼東半島の先端部に位置するこの地は、清国時代には北洋艦隊の基地だった。基地防衛のために強固な要塞が構築された。日清戦争においては日本軍がここを攻略して軍港を旅順口の地においた。日露戦争後の三国干渉により旅順は清国に還付されたものの、その後は南下するロ

図9－1　満鉄総裁時代　地図を広げて外交政策を練る（後藤新平記念館蔵）

シアの租借地となった。ロシア陸軍によりさらに大規模な要塞化が図られ、この要塞をめぐる攻防戦が日露戦争の成否を決する戦いの一つとなった。

旅順を占領する日本陸軍は圧倒的な存在として君臨しており、海軍の鎮守府も旅順口におかれていた。軍人を制するものは誰もいない。旅順の重要地点のすべては軍部の官有財産であった。

関東州とは、旅順、大連を含む遼東半島の先端部のことである。主権は清国にあるが、実質的にここに支配権をもつのは日本の軍部であった。この関東州を防衛し、さらに旅順・長春間を結ぶ、後に満鉄となる鉄道を守護するための組織が関東総督府であった。報復を狙うロシアの脅威には隠然たるものがあり、この関東総督府も軍政に頼るしかなかった。

しかし、このことが満州の門戸開放を訴えるイギリスやアメリカの対日感情を悪化させる原因でもあった。文治派の重鎮・伊藤博文の強い指導力により、「満洲問題に関する協議会」において軍政から民政への方針転換が決定されたことは先にも述べた。関東総督府は廃止・改組され関東都督府となり、その所在地も遼陽から旅順へと転じた。関東州、鉄道の新たな司令塔が関東都督府となった。

しかし、なお軍部の力は傲慢なほどに強く、都督府がその機能を発揮することは難しかった。後藤はこのことに当初から大いなる不満をもっていた。問題は都督府にあるというより、むしろ満洲経営に対する確たる方針が中央政府にないことにある。それゆえ都督府が力をもち得ず、軍部を抑えることができない。満鉄時代、不満を漏らす後藤の文献は数多いが、次に引用する文献などはもう「罵倒」に等しい。陸軍大将の都督・大島義昌に対する書簡「都督制度改革按覚書」である。

都督府自体に問題がないわけではないが、問題は中央政府の無方針にあるといって次のような不満をあらわにしている。

抑々第一中央政府ノ都督府ニ対スル態度定ラズ、其方針ヲ示スコト明カナラズ、万事姑息(こそく)一時ヲ糊塗(こと)スルニ至リテハ、満洲ノ事其レ誰ヲカ責メン。吾人ノ知ル所ヲ以テスレバ、都督府ニ対スル政府ノ見解一定セザルガ為ニ、各省偏見相鬩(あいせめ)ギ、終ニ都督府ノ権限ヲ削リ予算ヲ縮メテ、告朔(こくさく)ノ餼羊(きよう)タラシメントスルノ説ヲ弄(ろう)スルニ至レリ

都督府に対する中央政府の態度は一定せず、その方針を明らかにすることもなく、万事が姑息、一時を糊塗するだけのものであっては、満洲のことについて誰が責任を負えるというのか。私の知るところによれば、都督府に対する政府の見解が定まっていないために、各省の偏見がせめぎ合い、その結果、都督府の権限を削り、かつ予算を縮小して、ついに都督府を廃するよりはましだという程度の存在にしようとする説を弄する者までいる。

なぜこんなことになってしまったのかといえば、

其説ヲナスモノヲ問エバ、大抵一部ノ法学通論ニ埋頭（まいとう）シテ国運ノ活機ヲ知ラズ、内地縄墨（じょうぼく）ノ官僚政治ヲ知リテ、列国殖民政策ノ世界的光景ヲ知ラザル文深消極ノ俗吏輩ナリ。彼等ハ衆口爍金（しゃくきん）ノ勢ニ依リ、当路為政者ヲ動カシテ、其平生侮蔑（ぶべつ）セル清国政府ノ故態（こたい）ニ倣ワシメザレバ已（や）マザラントス

そういう説をなす者は誰かといえば、たいていは法学理論に埋没して国運のおもむくところを知らず、内地の法律に縛られる官僚政治のことはわかっているものの、列強の殖民政策の世界的状況など知らない、法律だけの消極的な俗吏ばかりである。彼らは多勢をかって現在の為政者を動かしている。彼らがいつもは見下している清国政府の昔ながらのやり方に倣わせなければならないかの

ごとくである。しかし、こんなやり方に清国を侮蔑するだけの力があるとは到底思えない。この地は清国が主権者の租借地である。主権者たる清国がこの地の改革に乗り出す可能性があり、それが実現すれば、日本の面目などまるで立たないではないかともいう。

今ヤ清国ハ非常ノ奮励ヲ以テ、先ズ東三省統治ノ局ヲ刷振(さっしん)シ、徐督唐撫(じょとくとうぶ)以下清廷第一流ノ才人全力ヲ傾注シテ、満洲積年ノ衰残ヲ挽回セントスルノ意気当ルベカラズ。我ガ満洲経営ノ現況ヲ以テ之ニ照スニ、我ガ彼ノ後(しり)ヱニ瞠若(どうじゃく)トシテ、翻テ彼ノ侮蔑ヲ受ケザルベカラザルコトハ、必ズ数年ヲ待タザルノ間ニ在ラン

今や清国は非常な努力を払ってまず東三省の統治局面を刷新しようと、徐督、唐撫など清国第一級の才能ある者が全力を傾注して、満洲積年の劣勢を挽回しようとする意気に燃えている。これと対照的に、わが日本の満洲経営の近況は清廷のその姿をみて目を見張り、今度は彼らからの侮蔑を受ける、そういう時がこの数年を経ずしてこないとはいえない。

満鉄総裁に着任して以来、いや児玉の急逝によって翻意を余儀なくされるまでずっと抱かされてきたこの満鉄経営方針の不透明性、これを後藤は難じているのである。この論難が後藤の満鉄

時代の文書を彩るキートーンとなる。
〝どうしてこんな呪われるべきポストに就いてしまったのか〟

伊藤博文宛書簡――「文装的武備」論

総裁に着任して数ヵ月、明治四十年(一九〇七)の八月も終わろうとしていた。何一つ思うようにことは進まない。児玉はもういない。自分の真意に耳を傾けてくれる人物といえば、韓国統監の伊藤博文だけだ。そう思いを定めるや、いてもたってもいられず、次のような一通の書簡を後藤は必死の思いで綴る。

「私は満洲に赴任してすでに数ヵ月経ち、愚鈍の限りを尽くしてご恩に報いようと勤めてまいりましたが、責任は重い一方で道はなお遠く、創業の局面にありながら、その将来を語ることはできそうにありません」

端からくぐもった口調で語りだす。
まず語るべきは旅順の経営だと後藤はいう。日本は旅順をロシアから譲り受けたものの、この要地をどう経営していくのかについての政府方針がまったく不鮮明であり、ここを日本の「大陸発展ノ第一地歩」にしようとする考えは、まるで等閑に付されている。これでは日露戦争勝利後の満洲経営のとば口にたつことさえできない。旅順を「善処活用」し、ここを日本の大陸発展の起点とするというアイデアこそ、日本の指導者はもつべきことだと切り出す。

日本ノ旅順経営ニ於ケル世界的価値ガ、果シテ露国ノ能ク及ブ所ニ非ザリシノ事実ニ肯服(こうふく)セシメンコトヲ要ス。否日本ノ旅順経営、実ニ東洋ノ平和的進歩ヲ維持スベキ、且文明ヲ清国ニ普及スベキ原動地トナスニ在ルコトヲ知ラシメ、暗ニ文装的武備ノ基礎ヲ堅クスルニ在リ

日本による旅順経営の世界的価値がロシアの決して及ぶところではない、という事実を認めさせることが必要である。いな、日本の旅順経営が東洋の平和的進歩を維持すべき、かつ文明を清国に普及すべき原動地となすことを知らしめ、文装的武備の基礎を強固にすることが肝要である。

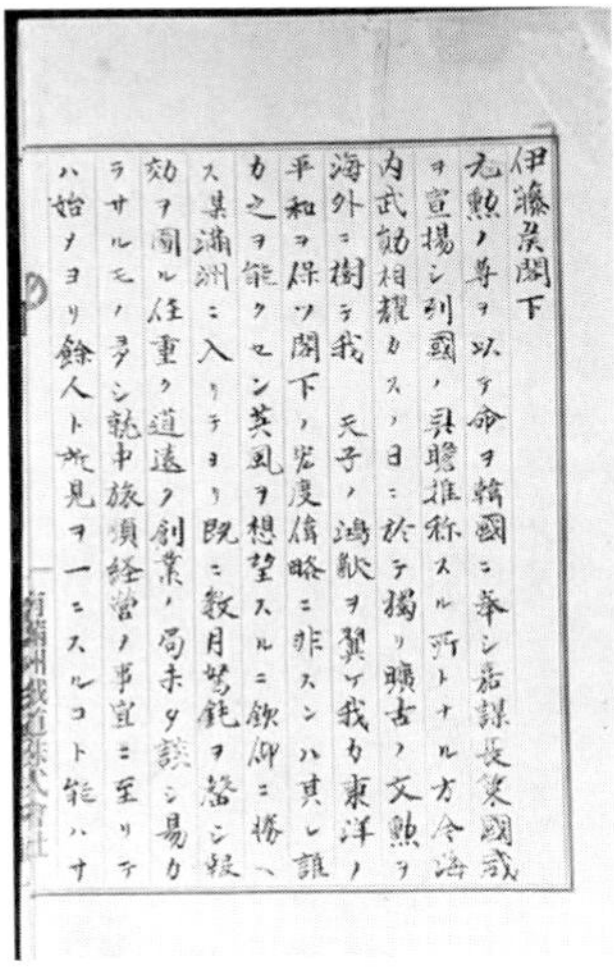

図9－2　後藤新平の伊藤博文宛書簡（草案）**の冒頭**（明治40年8月。後藤新平記念館蔵）

後藤の「文装的武備論」の登場である。その意味を後藤はこういう。

武装ノ虚威(きょい)ヲ張ルコトヲ休(や)メテ、文

教平和ノ名ヲ正スト共ニ、実業教育政策ニ由リテ武備ノ実力ヲ充実スルニアリ

武装で虚勢を張ることをやめて、文教平和の名を正すとともに実業教育政策により武備の実力を充実することが肝心だという。現代の語り口でいえば「ソフトパワー論」なのであろう。

文装的武備という概念で後藤が構想していたものは具体的には何かといえば、旅順工科学堂、大連病院、南満医学堂、東亜経済調査局、地質研究所、大連や長春の満鉄付属地における都市計画、さらには特殊金融機関設置などであった。

しかし、こうした後藤の構想も実現は容易ではなかった。軍人の力があまりに強かったからである。陸軍には要塞司令部、海軍には鎮守府があって、これが租借地のほとんどすべてを占領、生産的に活用する意図がないという。都督府には軍政部とならんで民政部があるものの、都督自身が軍人であり、民政部の主張はことごとくはねつけられていたらしい。

> 民政部、交渉ヲ拒ム処ノ陸海軍ニ対シ、討論講究シテ一大畛域ヲ開クノ要ヲ知ラズ。旅順ノ市府的価値ノ七八分ハ、棄テテ之ヲ鳥鼠ノ棲托ニ委セラレタルノ実況アリ。是レ明カニ旅順凋衰ノ一大因ヲナスモノニシテ、不肖新平ガ満洲経営按ノ前途ヲ沮メル最大不経済ナリ

民政部は、交渉を拒む陸海軍と互いに討論し真実を深く検討して一大境地を開く必要性を理解し

ていない。旅順市の価値の七、八割は放棄されたまま、鳥や鼠の棲むままの状態に放置されているのが現状である。これが旅順凋落の一大要因であり、不肖新平の満洲経営案の前途を阻む最大の不経済だと考える理由である。

中央政府や指導部に旅順経営の方針が定まっていないのだから軍部の横暴も無理もないことだといって、憮然たる口吻である。伊藤宛の書簡の最後をこう書く。

> 内ニハ実業的経営ヲ定メテ対外威制力ヲ備エ、外ニハ開放的主張ヲ完ウシテ新興国ノ生面ヲ開キ、内外相待チテ我ガ大陸発展ノ精力ヲ養ワンコトハ、満洲経営ノ大精神ナルヲ信ズレドモ、之ヲ率言（そつげん）シテ信ヲ一世ニ取ランガ如キハ、固（もと）ヨリ某不肖ノ能クスベキ所ニ非ズ。是某ガ閣下元勲国老ノ地望ヲ仰イデ、一唱ノ点提（てんてい）ヲ望ム所以ナリ

内には実業的経営の方針を定めることにより対外的な威制力を備え、外国に向かっては開放主義をまっとうして新興国としての新生面を開く。内外両面における力を備えてわが国の大陸発展の精力を養うこと、これが満洲経営の大精神であると私は信じる。しかし、この言を一世に問うようなことは、もとより不肖私ごときには手に余る。私が閣下の元勲国老の地位と名声を仰いで一唱の提言を希望するゆえんがこれである。

この書簡に対する伊藤の返信はみつかっていない、と鶴見祐輔はいう。

後藤といえば、満洲経営の先駆者であり、満鉄の基礎を築いた人物であるかのようにいう人は少なくない。だが、後藤本人はそう語ってはいない。あれほど自己顕示欲において強烈であった後藤の口から聞こえてくるのは、愚痴、不平、不満、怒りである。ただの吏員の語りではない。満鉄総裁の後藤の文言の中に、総裁らしき口吻がほとんどみられないのである。台湾総督府民政長官の時代の語りや文章の中で輝いていたあの明朗さが、不思議なほどにここでは影を潜めている。

明治四十一年（一九〇八）七月四日、後藤は「満鉄十年計画」を奏上。その直後の十二日に盟友桂から入閣の誘いがあり、逓信大臣に就任した。満鉄総裁の座は、台湾総督府から連れてきた中村是公に譲って、あっさりと辞任。在任期間は一年と八ヵ月であった。

台湾を去る時のような未練は後藤にはなかった。かといって逓信大臣という職責は後藤が何としてでもつかみとりたいものだったのかどうか。あるいは権力を手にしなければ何ごともなし得ないという教訓が満洲時代の経験から、後藤の中に生まれていたのかもしれない。

それにしても在職中に後藤が成し遂げた満洲での成果は、少なくとも後藤自身の感覚からいえば、台湾時代とはおよそ異なるものだった。

実際、後藤は桂より入閣要請を受けこれを諾としたその日の夕刻、身体不全を訴え赤十字病院に入院、ことなきを得て逓信大臣の席に着いた。五十一歳というのは今でいえば「男盛り」であろうが、明治の末年、男性の平均寿命が四十三歳くらいの時代のことである。

後藤の闘争心は台湾時代に火がついて燃えあがったが、満洲時代には燃え尽き、その後は権力はたっぷりと手にしたものの、台湾時代にみせたような達成感が得られず、つねに不全感に苛まれていたのではないか。

内務省衛生局長、台湾総督府民政長官、初代満鉄総裁を経て、内務大臣、外務大臣、東京市長、再度の内務大臣といえば、その経歴はいかにもきらびやかである。しかし、それらはすべて台湾総督府民政長官時代の偉大な成果の残照のようなものだった。生物学の原理にもとづく諸政策を台湾社会の深部にまでいきわたらせるこの難業に渾身の力をもってのぞみ、統治開始後約一〇年で台湾の財政的自立を達成させるという目を見張らせる成果を残した。これが後藤の語るべき政治的人生のほとんどではなかったか。

「政治の倫理化」

後藤は大正十二年（一九二三）九月に山本権兵衛内閣に内務大臣として入閣、その前日に起こった関東大震災からの復興のためのヘッドクォーター「帝都復興院」の総裁をも兼任した。しかし、十二月二十七日に摂政宮裕仁親王が虎ノ門外においてテロリスト難波大助により狙撃され、この不祥事の責を負わされて山本内閣は成立後間もなく引責辞職を余儀なくされた。後藤も内務大臣ならびに兼任の帝都復興院総裁をも免ぜられて下野。以来、後藤が政界に復帰することはなかった。

大正十五年二月十一日、脳溢血に襲われ伏臥を余儀なくされたものの、これを癒して「政治の倫理化」運動を開始した。同年四月二十日には青山会館に四〇〇〇名の聴衆を集めて演説、これを皮切りに、その後、全国各地を足繁くまわり、講演会数は二六〇回、講演時間は計三九〇時間に及んだと記録される。

その後、再度の脳溢血に襲われたものの、これをも克服。ロシア訪問の旅にも出てスターリンやカラハンなどと会談、帰国後にも全国遊説をつづけた。驚くべき行動力であった。昭和四年(一九二九)四月、東京から岡山に向かう車中で三回目の脳溢血を引き起こし京都で下車、府立病院に運ばれ、十三日午前五時三〇分に逝去。享年七十二であった。

後藤最後の政治的人生が「政治の倫理化」運動である。青山会館での三時間に及ぶ演説の草稿が『政治の倫理化』というタイトルの小冊子として出版されている。高揚する言葉遣いがまぶしい。声までが聞こえてきそうだ。往時の政治、政界、政局に対する徹底的で根源的な批判であり、権力批判であり、権力獲得のための金力批判であり、これらを生んだ「物質力崇拝」風潮への批判である。

後藤は「政治は力なり」という考えを論難する。

力と申すことの意味が、高尚なる道徳的の力と申すことでありますならば、我輩は、異論はないのでありますが（拍手）、上述のごとく、力とは物質的、現実的の力と申す意味でありまする為めに、この言葉の流行するところ、国を挙げて、低級劣悪なる物質力崇拝の風潮に走らしめたのであります。この大勢を転回いたさなくては到底今日の日本の悪風を一洗することは出来ないのであります。要するに、物質主義に偏傾するも不可、又精神主義に偏重するも不可、霊肉一如物心一如でなければいけないと信じます。乃ち政治闘争の倫理化が必要となるのであります。是は無用でありませうか（拍手）

三時間の演説というが、内容としては以上のような言辞の多

図9－3　「政治の倫理化」運動の講演をする後藤　全国183回の講演で35万人を動員したという（後藤新平記念館蔵）

様な繰り返しである。そういっては何だが、マスコミにちょくちょく顔を出してはなめらかにことを論じるコメンテーターの顔が、この演説文を読む私の目には浮かんでくる。いつの時代にもよくあった、そして今なお多い政治批判のお決まりのパターンである。

後藤がみずからの思想・信条を決定的なものとしたのは明治二十二年の『国家衛生原理』だと先に述べたが(第四章)、確かにこの著作ほど充実した後藤の文章は他にない。しかも、そこに書かれたことのエッセンスが、台湾統治を真の偉業たらしめた政策思想となったのである。『原理』では後藤はこういっていた。社会で生起するさまざまな事柄について、これを正邪だとか正不正だとかいって判断するのはまちがいだ。判断基準があるとすれば、一社会の健全生活にとってそれが適正であるのか否か、でなければならない。人間は元来が「生理的円満」を満たしたいという「生理的動機」に突き動かされて生きている。これは人間の中に「固有セル一種ノ天性」だとまで主張していた。

しかし、人々の生理的円満は個々人の力によっては実現できない。個々人の力を超えた、個々の人間を健全に生存させるための「公共ノ力」が不可欠であり、これが国家であり国家権力だといっていたはずである。「政治は力なり」は後藤思想の結節点だったのではなかったか。

後藤の思想がどこかで反転したのか。はたまた「老いたり、後藤」なのか。台湾統治の成功という偉業は、最晩年の後藤にとっては何だったのか。

人は誰しも老いる。老いれば思想も変わる。しかしあの後藤が、こうまで通俗的な言説を、病を抱えながらなお、実に目のまわるほどの行動力で繰り返しつづけたとは。

あとがき

日本は日清戦争の勝利により台湾を領有、日露戦争の勝利によって朝鮮の自由裁量権を得た。台湾統治は第二次大戦での日本の敗北による「放棄」にいたるまでの五〇年、朝鮮統治は明治四三年の「韓国併合」後の三五年にわたってつづいた。その後、現在までの台湾と朝鮮の日本に対する観念や認識にはきわだって対照的なものがある。

〝このところ韓国はひどく反日的ですよね。韓国に比べると台湾の方は随分と親日的なようにみえますが、二つはどうしてこんなにちがうんでしょうね〟

最近、そう問われることが多い。

〝日本が台湾と朝鮮に関わるようになった近代史の起点のことを考えれば、その辺のことがよくわかりますよ〟

と私は答える。

日本が台湾を領有した時点、この島は言語や習俗を異にする人々の混淆する「異質社会」であった。マレー・ポリネシア系の原住民がおり、福建、広東から移住した泉州人、漳州人、客家が、原住民を山間地に追いやって平地を占有した。彼ら移住民もまた言語や風習の相異なる「族群」であり、族群相互の間で耕地と支配権を奪い合う「分類械闘（かいとう）」の状況にあった。「分類」とは原籍の異なる者、「械闘」とは闘争の意である。

政治は不在だった。清国にとって台湾は天子の徳の及ぶことのない「化外の地」であり、その統治に関心が寄せられることはなかった。放縦のままだった。社会統合の不在である。加えて、「アヘン禍」が社会の深部を蝕み、マラリア、ペスト、コレラなどのはびこる「瘴癘の地」であった。どこからどうみても、維新を経てまだ三〇年足らずの明治日本には手に負い難い「難治の島」であった。「土匪」と呼ばれる反日武装勢力、アウトロー集団の跳梁を抑え込み、アヘン常習吸引者を排除し、熱帯病を制圧するという難題の解決に向けて曙光がみえ始めたのは、総督・児玉源太郎、民政長官・後藤新平が着任して以降のことであった。

いかにも難治ではあったが、この島には継承すべき伝統、正統的な歴史があったわけではない。存在していたのは、分断的な住民集団からなる異質社会だけであった。

しかし、このことは初期の難題の克服に成功すれば、その後の台湾の開発を妨げるものは何もなかったことを意味する。土匪の制圧、アヘン禍の駆逐、熱帯病の克服への苦闘史については本書で記述した。そして、児玉、後藤のデザイン通りに鉄道敷設、築港などのインフラ建設、土地調査事業、これにもとづく徴税基盤の拡充がなされ、台湾の歴史の中で初めて全島の社会統合が可能となった。教育を通じて日本の社会秩序と社会規範が導入され、何より日本語という共通語が用いられるようになったことに台湾の社会統合が象徴されよう。

日本の台湾放棄後、国共内戦に敗れた国民党軍がこの島を占領。二・二八事件と呼ばれる国民党による現地住民への暴力事件に端を発し、実に三八年にわたる戒厳令が敷かれて、台湾社会は国民党の軍人・軍属など新たに大陸から移住した「外省人」と、第二次大戦前よりここに住まっていた台湾住民「本省人」とが確執する厳しい分断社会に再度入り、社会規範は崩れ去ったかにみえた。しかし、李登輝氏による民主化の時代の到来により、統治時代の秩序と規範が鮮やかに蘇ってきたのであろう。「日本精神（リップンチェンシン）」はなお台湾住民の社会規範のありようを示すキーワードである。

韓国の反日は何ゆえであろうか。日本統治が開始される以前の五〇〇年余、朝鮮は李朝（李氏朝鮮）と呼ばれる王朝国家であった。李朝は清国を「宗主国」とし、みずからをその「服属国」とする君臣の関係にあった。清という帝国と朝鮮との関係は「華夷秩序」と呼ばれる。華夷秩序においては、礼にもとづく価値の序列において最も高位にあるのが中華であり、この中華から外縁に向かって同心円状に広がり、中華から遠くに位置する人種、民族、国家ほど価値において低いという関係が設定されていた。

李朝はこの関係を諸々と認めたのではない。形式においては清という大国に事える（「事大」）ものの、中華の本流は満族による征服王朝の清にではなく、実に「我に在り」と観念された。「小中華主義」である。中華より中華的なるもの、中華をより純化したものが小中華主義である。朝鮮の支配官僚エリート「両班」の中にこの観念は根強く染み込んだ。小中華主義からすれば、日本など、はるか東方海上の「蛮夷」である。あろうことか、朝鮮はこの蛮夷日本に併合されてしまったのである。

李朝は朱子学を原理とし、血族道徳を政治道徳とする圧倒的な専制国家であった。妻は夫に、子は親に、身分の低い者は高い者にしたがう。王を取り巻く官僚エリートが両班であり、権力者集団としての両班にしたがう以外に民の生きる道はない。往時の朝鮮にあっては「奪う者と奪われる者」以外は存在しなかった、とイギリスの女性人類学者イザベラ・バードは『朝鮮紀行』（講談社学術文庫）の中で述べている。中産階層のまったく存在することのない、そういう形での分断社会が李氏朝鮮であった。日本が併合することになる朝鮮社会の原型がこれである。

この朝鮮に日本は文明化のための法律や制度を導入しようとした。身分制の廃止、私有財産制や契約自由の原則などをもちこんだのだが、朝鮮の支配エリートにとってこれは既得権益への明らかな侵犯であり、心底受け入れ難い怨嗟の対象でありつづけた。

併合から三五年を経て日本の朝鮮統治は終焉したのだが、たかだか三五年の統治によって五〇

○年以上もつづいた専制社会の文化と伝統は否定し得べくもなかった。
現在の韓国の左派政治家、官僚エリートは、その観念において「新しき両班」なのであろう。蛮夷日本の併合に手を貸し、独立後は「対日協力者」やその子弟が反共主義者として権力を握り、アメリカと同盟を結んで朝鮮分断の道を歩んできた。こんな歴史が許されていいはずがない、というのが韓国人エリートの歴史認識の主流なのであろう。

現在の韓国の支配エリートは、韓国は「間違ってつくられた国」だと考えていると経済史学者の李栄薫(イヨンフン)氏は指摘する。「過去史清算」とか「積弊清算」という用語法は、日本人には奇妙な表現に響くかもしれないが、これこそが韓国人支配エリート「新しき両班」の強いセンチメントだというべきであろう。「慰安婦問題」「徴用工問題」などをめぐる韓国内の言説に接していると、反日はセンチメントを越えて国是となっているかの感を抱かされる。

過日、歴史学者の秦郁彦氏から、

〝渡辺さん、比較植民地史という研究分野を開拓する必要がありませんか。台湾と朝鮮の比較から始めるっていうのはどうですかね〟

そう問いかけられた。比較植民地史か。さすが秦氏らしい命名だと唸らされたのだが、私にはもう時間がない。若い研究者やジャーナリスト諸兄の努力にまつより他ない。比較植民地史、重要な研究領域でありながら日本人の関心からはすっぽり抜け落ちていた分野ではないかと、改めて強くそう思わされている。

令和二年の正月が終わる頃、中央公論新社の畏友・吉田大作さんと一杯やる機会があった。私が目下こういう著作を書きたいと思っているんだがと伝えた。〝そうですか、そうですか〟といって話は別のほうにいってしまった。後日、吉田さんから「後藤新平は渡辺さんが書くに値する人物だと思います」というメールをもらった。

実はその時点で私は半分くらい書き進んでいたのだが、「コロナ自粛」となって一挙に資料の読み込みと執筆の時間が豊富に得られるようになり、予想よりはやく原稿を吉田さんに送信することができた。「自粛」のおかげといってはなんだが、こんなこと自分の執筆人生の中で初めてである。それに残りの人生のことを考えて少々ことを急いたような気もする。吉田さんのお薦めには心より深く感謝している。

私は平成十二年（二〇〇〇）に拓殖大学に奉職、旧臘、退職した。後藤新平は大正八年（一九一九）にこの大学の第三代の学長となり、昭和四年（一九二九）に没するまで、終生、その職にあった。後藤についての一書を著すほどまでの深い縁を私が得たのは、そのゆえである。拓殖大学には頭を深く垂れる。

資料や図版の検索には、いつものことだが、拓殖大学役員秘書室の石崎理恵さんの心のこもった助力をいただいた。また、奥州市水沢の後藤新平記念館の中村淑子さんからはいくつもの図版のご提供を受けた。ほんとうに、ありがとうございました。

令和二年冬至

渡辺利夫

渡辺利夫

1939年山梨県生まれ。慶應義塾大学経済学部卒業、同大学大学院経済学研究科修了。博士（経済学）。筑波大学教授、東京工業大学教授、拓殖大学教授、同大学総長、同大学学長などを歴任。専門は開発経済学・現代アジア経済論。著書に『成長のアジア　停滞のアジア』（吉野作造賞）、『西太平洋の時代』（アジア・太平洋賞大賞）、『神経症の時代――わが内なる森田正馬』（開高健賞正賞）、『放哉と山頭火』『決定版脱亜論』『台湾を築いた明治の日本人』など。2011年、正論大賞受賞。

後藤新平の台湾
――人類もまた生物の一つなり

〈中公選書 113〉

著　者　渡 辺 利 夫

2021年 1 月10日　初版発行

発行者　松 田 陽 三

発行所　中央公論新社
〒100-8152　東京都千代田区大手町 1-7-1
電話　03-5299-1730（販売）
03-5299-1740（編集）
URL　http://www.chuko.co.jp/

D T P　市川真樹子

印刷・製本　大日本印刷

Published by CHUOKORON-SHINSHA, INC.
Printed in Japan　ISBN978-4-12-110113-6 C1326
定価はカバーに表示してあります。

中公選書　新装刊

101 ポストモダンの「近代」
——米中「新冷戦」を読み解く
田中明彦著
権力移行は平和的に進むのか。気候変動、貧困問題に世界は対応できるのか。「新しい中世」の提唱から二〇年余、最新の知見と深い洞察が導く国際政治の現在と未来像を提示する。

102 建国神話の社会史
——史実と虚偽の境界
古川隆久著
天照大神の孫が地上に降りて日本を統治し始めた——。『古事記』『日本書紀』の記述が「歴史的事実」とされた時、普通の人々は科学や民主主義との矛盾をどう乗り越えようとしたのか。

103 新版　戦時下の経済学者
——経済学と総力戦
牧野邦昭著
二つの世界大戦という総力戦の時代、経済学者たちの主張や行動はどのような役割を果たし、戦後体制へどんな影響を与えたか。第32回石橋湛山賞受賞作に最新の研究成果を加筆。

104 天皇退位　何が論じられたのか
——おことばから大嘗祭まで
御厨　貴編著
二〇一六年七月のNHKスクープと翌月の天皇ビデオメッセージから三年。平成の天皇は退位し、上皇となった。この間に何が論じられたのか。残された課題は皇位継承だけではない。

中公選書　新装刊

105
〈嘘〉の政治史
——生真面目な社会の不真面目な政治

五百旗頭　薫著

政治に嘘がつきものなのはなぜか。絶対の権力というものがあるとすれば、嘘はいらない。世界中に嘘が横行する今、近現代日本の経験は嘘を減らし、嘘を生き延びるための教訓となる。

106
神道の中世
——伊勢神宮・吉田神道・中世日本紀

伊藤　聡著

神道は神仏習合や密教、禅や老荘思想など、さまざまな信仰や文化を取り込んで自らを形作ってきた。豊穣な中世文化を担った、知られざる神道の姿を最新の研究から描き出す。

107
平成の経済政策はどう決められたか
——アベノミクスの源流をさぐる

土居丈朗著

21世紀最初の二〇年間の日本の経済政策は、財政健全化とデフレ脱却を追求し続けてきたといえる。経済政策の立案に加わった五人の経済学者との対談を通じて今後の課題をあぶり出す。

108
漢字の構造
——古代中国の社会と文化

落合淳思著

漢字の成り立ちと字形の変化の歴史には、古代中国の生活や風習、祭祀儀礼や社会制度などが反映されている。社会と文化の記憶を解き明かす、新しい方法論に基づいた字源研究の成果。

中公選書　新装刊

109
クレメント・アトリー
――チャーチルを破った男
河合秀和著

第二次大戦の勝利の立役者であるチャーチルを抑え、総選挙で圧勝したのはアトリー率いる労働党だった。現在の英国社会の基礎を築くと同時に、帝国を解体したアトリーの本格的評伝。

110
日本近代小説史　新装版
安藤　宏著

文明開化期から村上春樹まで、日本の近代小説をトータルな視点で案内する。最新研究に基づく入門書の決定版。写真図版も多数収録。改版にあたり、「「近代日本文学」の成立」を付した。

111
新版「生きるに値しない命」とは誰のことか
――ナチス安楽死思想の原典からの考察
森下直貴
佐野　誠編著

障碍者施設殺傷事件、安楽死論争、パンデミック・トリアージ。「役に立つ／立たない」で命を選別できるのか。ナチス安楽死政策を支えた著作に批判的考察を加え、超高齢社会の命を問う。

112
非国民な女たち
――戦時下のパーマとモンペ
飯田未希著

「石を投げられてもパーマをかけたい」。戦時期に非難の的となりながらパーマが大流行したのはなぜか。統制と流行と近代化の狭間で大きな社会問題となった女性たちの「お洒落」とは。